ANDRIA
ZAFIRAKOU

挺身而教

為孩子尋找優勢，讓更多機會成為可能

THOSE WHO CAN,
TEACH
What It Takes To Make the Next Generation

安卓亞・札非拉庫——著
謝儀霏——譯

目次

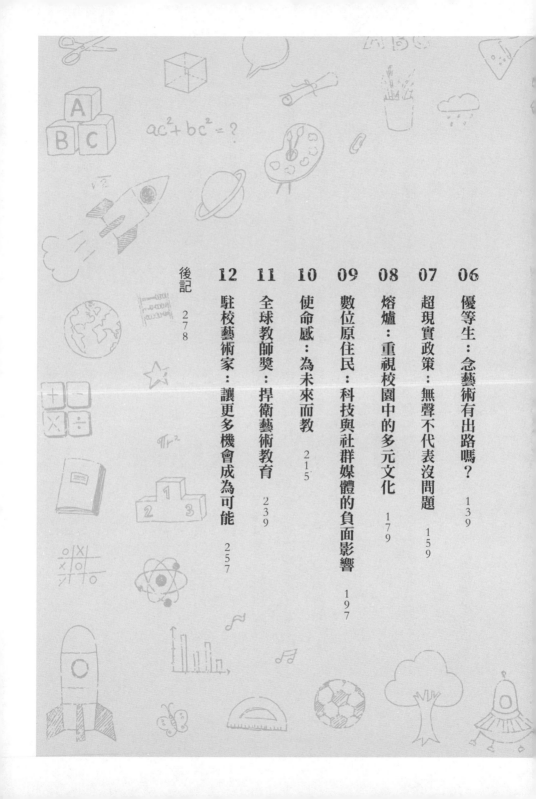

推薦序

用美感改變孩子的人生

新北市教育局長 張明文

作者安卓亞用心推動藝術教育，帶領特教學生用畫筆表達自己，找到情緒的出口；讓語言障礙的學生，因為在美術課得到讚美而改變生活；幫助弱勢家庭的孩子，經由學校社團找到藝術長才，甚至上大學繼續讀藝術。她在二〇一八年獲得有教育界諾貝爾獎之稱的全球教師獎，卻將一百萬美元獎金全數投入公益，成立「駐校藝術家」慈善基金會，希望能改善弱勢學校的藝術教育，幫助更多孩子接觸藝術、培養美感，進而翻轉人生，這樣的精神令人敬佩感動。

新北市體認美感對孩子的影響與重要，長期深耕藝術教育，經由生活化的美感經驗，豐富生命的創造力。在環境方面，透過校園環境營造，觸發孩子對美的認知及創意。在課程方面，首創成立十四所「假日藝術學校」，開設免費豐富課程，並採弱勢優先錄取，讓藝術教育更普及。在活動方面，「藝術滿城香」讓新北市學童在正式展演場地欣賞表演，體驗藝術之美；而「週末藝術秀」則在每年暑假結合捷運站、火車站、老街等觀光景點，提供優秀學生表演舞臺，透過生活情境傳遞藝術氛圍。

藝術家進駐校園，不但帶給孩子豐富多元體驗，更能發揮天賦潛能。新北市將「駐校藝術家」概念落實於校園已超過十年。透過藝術教學深耕計畫，媒合藝術家駐校與學校老師協同教學，發展校本藝術課程。實施至今，參與校數逐年成長，從一開始的二十六校，至一一〇學年度達八十校，受惠學生超過五萬人。像是三峽插角國小結合在地藍染文化，發展深耕課程，並與在地藝術家合作聯展；雙溪偏鄉牡丹國小成立弦樂團，邀請音樂家進駐，讓全校學生都會拉小提琴並四處展演。今年教育局更成立「美感諮詢設計小組」，邀集藝術家及產業新銳設計師，持續為新北美感教育提供全方位的創新思考及多元做法。

讀這本書，讓我回想起當老師的快樂與感動，同時也提醒身在教育行政機關的自己，必須堅持教育的本質，成為老師與孩子的安心後盾。推薦每一位關心孩子、關心教育的您，一起透過本書，體會教育現場的珍貴片段，找回教育的初心！

推薦序

藝術教育的積極價值

《點亮藝術力》作者／新北市立中和國中教師 孫菊君

藝術教育是我的志業關注點，特別是如何透過藝術的創作與表達，讓複雜的思考歷程與幽微的情感觸動變得可見，幫助個人自我覺察，成為更好的自己。當我看到作者安卓亞提到，政府缺乏對創意科目的充分投資時，不禁感嘆，原來整體社會不重視藝術的狀況，舉世皆然！被推崇為「世界教育部長」的羅賓森爵士，也曾批判過教育界「重學術、輕藝術」的現象，大聲疾呼學科導向的制式教育，如何扼殺學子的天賦潛能與創意。

安卓亞以她在教學實踐歷程中，與不同孩子交會的動人真實故事，告訴我們：對藝術學習的投入，可以幫助學習障礙、情緒困擾、性格暴戾、校園霸凌、家庭支持低落、文化認同混亂等種種問題的孩子。在美術課老師的正向肯定與信任支持之下，這些孩子重拾了自信心，也展現了個人天賦與獨特價值。

安卓亞重視教師與學生的真誠連結，包括教材內容的用心選擇、教學過程的溝通互動。更重要的是，她帶領學生藉由藝術創作建立成功經驗，並讓孩子的價值被彰顯、被肯定。我看到安卓亞為自己爭取學習藝術的人生選擇權時，會心一笑，居然與我個人經歷如此相像！「美術是興趣，興趣不能拿來當飯吃。」我也曾經這樣被家人告誡著。人生唯一一次叛逆，便是高中時期多次努力向父母爭取學畫機會，並卯足全力衝刺學科成績與術科表現，最後捨棄大學文法商等熱門科系，在大學志願卡只劃上師大美術系一個志願，如願成為一位藝術教師。

因此我完全可以理解，為自己理想而努力的那種完整感。除了藝術家與藝術教育者，藝術職涯的發展何其遼闊，藝術產業早就深入所有領域，只要是需要人類原創想法的範疇，很少不與藝術相關，尤其在ＡＩ世代，人類必須與人工智慧競逐工作機會，唯有創意與熱情，是機器無可取代的。藝術力，正是啟發創意、追隨熱情，培養面對未來創新能力的重要關鍵學習！我欽佩安卓亞是那麼努力，傳遞藝術學習的積極價值。

我喜歡安卓亞陳述這份教學的使命感。教職不只是一份工作，更是連結個人深層渴望與生命能量的天命志業。想想，在成就孩子的同時，身為老師，我們不也在成就自己？與安卓亞一般，我以身為藝術老師為榮。

前言

前往唐寧街的路程感覺比回英國的班機還要漫長。經過旋風般的二十四小時後，我坐上了計程車後座。黑色計程車的輪胎在M4高速公路的柏油路面上震動，感覺就像幾個小時前在希斯洛機場著陸時的顛簸。我終於接觸到穩固的地面，但似乎又感覺還沒。我剛從杜拜拿了全球教師獎回來，這又被暱稱為「教育界的諾貝爾獎」。此刻我正前往西敏市，準備晉見首相梅伊（Theresa May）。

車子開過高架橋，我往下看，平常我會從那出口下去，前往我所任教、位於布倫特（Brent）的阿伯頓社區中學（Alperton Community School）。在環狀道路左側是熟悉的房舍與商店林立的街道，通往我的美術教室，也是我的舒適圈。但現在我們經過我心愛的學校而不入，急速駛向倫敦市中心，首相正在等我。

這感覺好不真實。

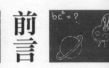

即使到了現在，我仍不是很確定這一切是怎麼發生的。我這倫敦某間學校的美術老師，是如何從三萬多人中脫穎而出？我被叫到名字的那一刻、我拼拼湊湊的演講、歡聲雷動、冠蓋雲集的現場、後台的支持者、和我一起入圍的教師、人群中我父母自豪的臉龐……這些我們後面會聊到，但那時我只有模模糊糊的記憶。

我一直沒有闔眼，因為出身倫敦市中心貧民區學校的我，這輩子第一次搭乘商務艙，儘管是紅眼航班，我也不想錯過分分秒秒。

我打包了一件黑色小洋裝與灑金外套在隨身行李裡，下飛機後用手順過摺痕就換上，此外還有一條串珠項鍊，因為我知道首相對飾品頗為講究。這樣做倒也不是為了留下好印象，而是至少要得體，別失了禮數。我重新上了妝，但因為缺乏睡眠，眼睛布滿血絲，完全靠著腎上腺素在支撐。和我一起搭計程車的還有幾位瓦爾奇基金會（Varkey Foundation）的代表，全球教師獎就是由這基金會負責。我們有禮貌的交談，但我的胃翻攪個不停，巴不得車子能往反方向開，帶我回家找丈夫和女兒。

與英國首相的短暫對談

我們在早上的交通尖峰期繼續前進。此處再往北幾英里是康登鎮，而聖彌格爾小學就是我的啟蒙學校。我想到當時啟發我的老師，那些童年的守護人可以成就或摧毀我們的求學經驗。他們的努力很少得到讚賞，而我卻剛獲得一百萬美元，相當於七十萬英鎊。這數字讓我感到頭暈。

我其實就只是做自己的工作而已。

很快的，車子開進國會大廈的大門。布倫特的國會議員巴瑞・嘉德納（Barry Gardiner）在等待我們到來，他的助理群引導我們進入西敏宮，前往下議院。我們被安排坐在貴賓席，那裡沒有屏風擋板，感覺就像身處首相答問環節的中心。幾秒鐘之後，梅伊首相站起來並提到我的名字。

「我知道國會成員想和我一起恭賀安卓亞・札非拉庫。最近甫贏得全球教師獎的她，實至名歸。我期待一會兒當面向她道賀。」

會議廳傳來國會議員的歡呼聲，瓦爾奇基金會的執行長維卡司・波塔（Vikas Pota）

轉身對我微笑。

反對黨領袖傑瑞米・柯賓（Jeremy Corbyn）接著起身，告知首相他已於一週前和我見過面。

「他們搶著捧你耶。」維卡司小聲說。

我們坐看兩造爭論，直到首相離開現場，她的一位隨從過來接我，帶我前往首相辦公室。辦公室內部美輪美奐，深色木質牆面上掛了洛可可風格的畫作。室內織品是威廉・莫里斯（William Morris）的花紋設計，地毯相當厚實豪華。我想起自己學校的合成地毯和空心花磚牆，簡直是天差地別。

梅伊首相伸出手，再次恭賀我得獎，我們合影留念，然後在她辦公室裡的沙發上坐定。她的桌面布滿文件，都是需要簽名的重要公文，我意識到很少人有機會坐在我現在的位置，也知道必須好好利用此時此刻。首相想要聊我的事，但我打斷她，改聊我的學校和學生。我想知道像我們阿伯頓地區的孩子，能來國會大廈的機會有多大。

「光是我們布倫特自治市，就有一百多種語言，」我告訴她，「其中八十種我們學校都有人講。對很多學生而言，英語並非母語，而且多半得在學校裡學，這本身就是個挑戰，需要多一點時間，以及老師的支援。」

我停頓一會兒，看看首相是否都聽進去了，她點點頭請我繼續說，並且眉頭緊蹙，神情專注。我注意到牆上的鐘滴答做響，首相助理坐在旁邊的椅子上，提醒我們時間。

「首相，我們的孩子日子很辛苦。布倫特是倫敦最貧困的行政區：有些學生要和四個不同的家庭共居，這表示他們在家裡很難找到安靜的地方讀書。貧窮匱乏的程度很嚴重，每天我們還要擔心幫派暴力與激進份子的行為。」我扳著手指一一細數，「但我們學校是屬於孩子的：在學校，他們能確保一天有兩餐吃；在學校，他們能不受風寒；在學校，他們可以改變未來。而美術可以為他們的生活帶來改變。我有學生透過美術作品解開了心理創傷，有學生首度開口說話，因為他們在美術教室裡找到了家……」

我想跟首相分享更多，想告訴她美術如何幫助像我們學生一樣的孩子，想告訴她美術對不會講英語的孩子有多寶貴，對特教的孩子有多重要。但是助理示意時間到了。在我離開前，首相表示待會我會去參觀唐寧街十號，屆時學校國務大臣（Schools Minister）有件特別的事要問我。

離開首相辦公室時，我想著自己是否說了太多，是否過於激動、太咄咄逼人，換句話說就是太「北倫敦」了？我再次自認是個格格不入的冒牌貨，覺得自己心直口快，只是想說服這些人我值得這個頭銜，但也許只是在說服自己而已。

婉拒英國政府聘任案

我們走向唐寧街，我站在那聲名狼藉的黑色大門外。門一開，這棟滿是歷史的建築物令我瞪大了眼睛。我走過大廳裡邱吉爾的皮革扶手椅，穿過走廊，經過亨利・摩爾（Henry Moore）的雕塑品。我們繼續深入房子裡，經過更多雕塑品，是芭芭拉・赫普沃斯（Barbara Hepworth）的作品，還有洛瑞（Lowry）的畫作。我在其中一幅畫前駐足。

「我有教學生這幅畫。」我說，同時感受著工業城市風光的每一道筆法。

我跟在學校國務大臣尼克・吉布（Nick Gibb）身後，走上赫赫有名的黃色樓梯，並想到休葛蘭在電影《愛是您，愛是我》（*Love Actually*）中跳著舞下樓梯的畫面，那一幕讓當時渾身不自在的我定下心。牆壁上掛滿歷任首相的肖像，每一幅都由享譽盛名的藝術家所繪製。連天花板都有華麗繁複的線板裝飾，令我大開眼界。這些藝術品是美術館等級的，我的學生只有在書裡才看得到。

我和尼克・吉布與瓦爾奇基金會代表在過去邱吉爾的寢室裡（現在是會議室之一）喝茶、吃餅乾。我適時保持微笑並謹言慎行。但保持矜持實在累人，我好想回到充滿安全感的教室，聞著水彩、蠟筆、松節油與學校餐點的味道。

幾週前，我發現自己進入教師獎的決選名單時，尼克和我見了面。當天，我必須把自己對政府的偏見放一旁；因為麥可・戈夫（Michael Gove）擔任教育大臣期間，尼克・吉布引進英國中學文憑制度（EBacc），這個考試制度注重核心科目，例如英文、數學、自然科，同時也就意味著必須犧牲創意與實用的科目。我上次與他見面時，試圖和他談論該政策對我們學校的影響，想要說明學生被剝奪了什麼，但是他沒那麼好說話，難以動搖。

今天他親切和善，一同慶祝我獲獎，並述說著這棟知名建築物的歷史，細數歷任的屋主。突然間，他感覺有些惴惴不安，然後從藍色西裝內袋掏出一份摺好的文件。這一定就是首相先前提到的事情。

「安卓亞，我們希望你協助一起聘任案。」他說。

我盯著他手中的文件瞧，封面照片是一位教師，我猜想他們希望那位教師是我。在今天等待我的所有驚喜中，我沒料想到有來自政府的工作機會。這感覺有點像電影橋段：唐寧街會談，美酒佳餚，然後被告知你可以為國家效命。

我手裡握著文件，所有目光都集中過來，當天頭一回我不知道該說什麼，感覺很不尋常，隱約中好像有什麼在阻止我答應此事，也許是直覺？

「謝謝，」我如是說，「我會考慮看看。」

我聽到在場其他人倒抽一口氣，緊接著是一陣沉默。學校國務大臣的身體扭動了一下，這個小動作讓我察覺，也許對他來說，甚至對首相來說，我應該無疑會接下這份工作才對。

維卡司打破沉默。

「安卓亞，你可以告訴我們，為什麼要考慮一下嗎？」

一整天下來我都戰戰兢兢，力求舉止合宜、說話得體。我努力微笑，擺出該有的樣子，讓人感覺服從乖巧、進退有禮，但這並不是我平時的做事方式。事實上，我不是因為這樣才得獎的。但這些人知道嗎？如果我一直是乖乖牌，今天就不會在這裡；如果我一直保持微笑，行禮如儀，應答合乎預期；如果我在學校沒有努力爭取，沒有盡心竭力照顧學生且不囿於現狀，今天就不會在這裡。「打破規矩」是我得以在這裡的原因。在桌子這一側的我，甚至不確定自己是不是他們認定的教學權威，我一時不知該如何回應維卡司的問題。

但我腦海中剎那間閃過我的學校和全校學生，我知道自己擅長的就是「學生」這件事，而眼前這想遊說我為他們工作的政府，並未做任何事幫助我的孩子們成功。事實上，他們從學生那裡奪走的機會，遠比給予學生的還要多。

對我們教師來說，坐在唐寧街十號裡的那些人儼然是神明。他們制定決策，而我們這些凡人卻得承受政令的後果。諷刺的是，明明住在唐寧街十號裡的達官顯要這麼重視藝術、裝飾風格、繪畫、雕塑等美好事物，我竟然還得提醒他們美術對年輕學子的重要性！要不是為了學生，我根本不會在這裡，而這是我替他們發聲的機會。我深呼吸，不確定自己即將脫口而出的內容。

為教育現場發聲

「我認為政府在支持美術教學上做得不夠多。」我說。現場一片沉默。我轉向學校國務大臣說，「像是你引進 EBacc，完全拿掉織品服裝課程。英國時尚產業出了許多全球知名的設計師，但你扼殺了學童的織品服裝課程，那麼未來的設計師該從何而來？」

在場所有人表情都很尷尬，但是我繼續說下去。

「我在學校裡教的孩子都不是以英語為母語，美術與數學是少數他們能夠發揮的科目。為何這點對政府來說無關緊要？」

「這個嘛，證據顯示……」尼克．吉布開口想解釋。

但我不給他機會回答。這與證據或資料無關，而與我每天面對的學生有關，他們因為政府在這種房間裡做出的決策而被犧牲了。

「那特教和資源班學生呢？」我說，「那些需要花多一點時間完成作品，否則就被認定一無是處的學生又該怎麼辦？我的科目給他們時間慢慢進步，給他們信心，讓他們知道自己有潛力，而且不亞於任何人。為什麼這一點對政府來說不重要？」

學校國務大臣環視現場。他知道 EBacc 證書讓那些原本就在掙扎的孩子壓力更大嗎？而且這還讓那些已載浮載沉的老師們工作量更多。

「關於這點，」他又企圖解釋，「證據顯示，修習這些科目的學童進步較快，未來工作也較好……」

他開始引用事實和數據，而我並不想聽，因為這不是我在教育現場的經驗，也不是我所知的學校生活。這些決策者對教師的真實日常一無所知，我怎麼還會覺得自己不夠格？當我再度發言時，感覺自己更加激動、慷慨激昂，也意識到自己比較「北倫敦」而非「唐寧街」，但我這是為了所有教過的學生發聲。教育不是看政府的統計數字，不是著重於學校達標，不是只有評鑑、排名或教育標準局（Ofsted）與 EBacc，甚至是招募教師（如同我顫抖的手中仍握著的那張紙）。教育，是與學生息息相關的。學生是真實的血肉，而我們身為老師，已竭盡所能幫助這些孩子，這些孩子的父母都不見得會幫他們，老師當然亟需所有可能的協助。因此，我也為許多教師發聲，為那些壓力超大、身心俱疲的同事發聲。這也許不是學校國務大臣想聽的話，但是字字屬實。

「教師的心理健康呢？」我說，「對此你有何打算？教師的工作量與日俱增，假日還得加班才能把事情做完。」我稍微停頓，這才第一次發現每個人都盯著我看。我當下明白，此時此地我不可能贏。不是在這個場合，不是在此時此刻。我一直在壓抑的一切，不只是今天，而是擔任教職的這十四年，都赤裸裸攤在眼前的桌上。我領悟到這個獎代表的不是我教職的巔峰，而是起點，一個轉捩點。

我想著那筆獎金。如果政府不打算做些什麼來幫助這群孩子，那就由我來做。每天我走進學校，面對的不是我或我們要教孩子什麼，而是學生要教我們什麼。我理應把這筆獎金好好用在他們身上。

當我回到布倫特時，天色已晚，我家窗戶透出了燈光，像是在歡迎我回家一般。我敲敲門，先生開門迎接。一看到他微笑的臉龐，我立刻嚎啕大哭。

「怎麼啦?」他問。

「我覺得自己會被軍情五處暗殺!」我邊說邊撲進他懷裡。

他放聲大笑,然後說了我想聽到的話,「我來幫你倒杯酒吧!」

我將這個晚上留給和家人一起慶祝,但明天又是辛苦工作的開始。我一向不是乖乖牌,以後也不會是。不管政府政策是什麼,我這位布倫特的老師決心要為孩子們留住藝術科目,因為經驗告訴我,藝術能為孩子的人生帶來很大的改變。且聽我娓娓道來。

01

學習障礙生：靠畫筆翻轉人生

沉默的九年級男孩

二〇〇七年十一月，一名高高瘦瘦的黑捲髮男孩走進我的教室。那時我已任教兩年，至於當初為什麼踏入教職，容我之後再說。我之所以會從此時講起，是因為儘管做為教師應當是專業的那方，但這名十四歲的男孩卻教了我教職生涯中最寶貴的一課。

和我的其他學生相比，艾瓦羅一臉聰明樣。當他走進教室時，本來埋首於創作的幾個學生紛紛抬起頭來。他看起來衣著筆挺，是因為穿著繡有阿伯頓社區中學校徽的嶄新制服外套。每位入學的七年級新生，都會拿到一件學校提供的制服外套。這幾年來對「學生是否應該穿制服」有諸多討論，但在我們學校，這是不可或缺的，因為制服是我們能給莘莘學子的一份重大禮物，象徵著不管背景為何，每個人都能和同儕享有相同的機會。

艾瓦羅的外套合身、袖長剛好，跟一些七年級的孩子不一樣。那些孩子中學五年都穿著入學時拿到的那件外套，因為父母沒錢再多買一件。根據過去的經驗，這批學生在十一年級結束離校時，會因為身高抽高而露出一大截手臂。所以，七年級學生都會拿大兩個尺寸的外套，也因為這樣，九年級才轉來的艾瓦羅，外套尺寸正好合適。

艾瓦羅之前就讀布倫特倫敦自治市的另一所學校，是專為有特教需求的孩子所設。我們校長和地方當局合作，同意從當地特教學校額外收十名學童進入阿伯頓就讀。我必須承認，當時我並不確定原因為何，畢竟這些孩子應該不會參加普通中等教育證書考試（GCSE），他們沒有能力，離校時只會拿到初級證書，也就是比GCSE差一級的學科證明。公立學校和很多政府單位一樣，都是看績效來定等級，若真要說起來，這十個學生可能會拉低我們學校的排名。但校長顯然看中社會包容性大於檢核績效。簡言之，她希望我們幫助這十個孩子在主流學校裡成功，她想給他們跟大家一樣的機會。這點誰敢反駁呢？

在艾瓦羅走進我教室前，我對他所知有限。我曾讀過他的檔案，唯一注意到的是他有選擇性緘默症，幾乎在所有社交場合都拒絕發言，而此狀況通常和焦慮有關。雖然我習慣和不會說英語的孩子講話，但兩者不太一樣，我沒有處理這類孩子的經驗，也沒受過特別訓練。那天上午我完全不知道會發生什麼事，應該說幾乎沒有心理準備。我對這些孩子的期望很低，不認為他們能有什麼成就。

艾瓦羅和他的助教遲了一些才到班上，我請他在教室側邊的一張空桌前坐下。他安頓好之後，助教便先行離開，而我穿過課桌椅要拿學習單給他。我微笑表示歡迎，然後將學習單和幾張A3的紙擺在他面前。他沒有抬頭看我，反而目光呆滯的直視前方，不和我對到眼。男生通常都是吵吵鬧鬧的，但艾瓦羅不一樣。我察覺到幾名學生眼光飄向艾瓦羅的書桌，也理解進到人生地不熟的新教室有多麼恐怖，所以我保持低調，放了幾個瓶罐在他桌上，說明我們這節在畫靜物。

「試試看。」我對他說，然後轉身準備去幫另一邊舉手求助的學生。

我居高臨下看著艾瓦羅，但他沒有動作，繼續直視前方。當時沒有人能想到，這沉默的男孩會永遠改變我教學的方式。

將生命氣息帶入教室

我想激發孩子的創造力，所以會在課堂上播放音樂廣播頻道（Kiss FM或Classic FM），讓孩子低聲哼歌。我的規定是：如果聊天音量大到讓我聽不到音樂，廣播就會關掉。這方法頗有效果，可以讓孩子守規矩。我的桌面覆蓋著美麗布料，牆上掛著學生初試啼聲的傑作，與經典名作並列。這間色彩繽紛的教室，其實一開始並非如此。

我一開始來面試時，只是個剛從師培大學畢業的菜鳥。那時我又驚又怕，而且其實想掉頭就走。當時學校是棟褪色的老舊褐磚造維多利亞式建築，每間教室都有大片木框窗戶，但由於年久失修，根本開不起來，空氣只能從破損的玻璃縫隙灌入。因此，我後來才知道阿伯頓社區中學只有夏冬兩季：夏天時整個學校熱得跟溫室一樣；冬天時刺骨寒風灌入，學生穿大衣上課還凍到發抖。到底為什麼還要有窗戶？反正都髒到看不到外面景物。不過，我們會想看窗外嗎？這所學校並無綠草如茵的山丘圍繞，而是都市景觀：阿伯頓捷運站背面、車輛、火車、水泥、噪音、空汙，還有最近的亂倒垃圾。至於教室區，教室牆面漆著黯淡的綠色，合成地毯處處破損；掛在牆上的學生作品因日晒而褪色，還布滿灰塵與蜘蛛網，室內霉味和濕氣都很重，這或許是因為角落陶瓷洗手台的木座已腐爛的緣故。

我並不想待在其中，這裡跟我之前代課過、每間教室都配備最新科技的學校截然不同。一切都那麼理所當然，不過我卻有無法勝任之感。我自己小學讀的是市中心貧民區的學校，康登鎮（Camden Town）的聖彌格爾英格蘭天主堂小學（St. Michael's Church of

England School），而倫敦那一區在一九八〇年代時還很落後，並非如今日一般的觀光勝地。在一九七〇年代初期，我們家從賽普勒斯移民到英格蘭，爺爺奶奶在大學廣場街用五千英鎊買下喬治王朝時期公寓裡的一戶。他們之所以選擇在康登鎮定居，理由和許多賽普勒斯人一樣，因為這裡靠近倫敦唯一的希臘正教會，而我的父親之後也在那裡擔任司鐸職務。

雖然我出生於倫敦，但在移民大家庭中成長，意味著我總覺得自己是個外人，不過那並非壞事。以前的康登鎮很危險，天黑之後我們從不出門，街頭巷尾處處可以看見塗鴉，教堂遭竊事件頻傳。早上醒來偶爾會聽聞鎮上垃圾箱裡又發現一具屍體。但康登鎮確實有社區的感覺，充滿包容氣氛，擁抱而非懼怕差異，彼此互相尊重。

我想不起班上同學有誰是英國人，大家都來自四面八方，例如孟加拉、愛爾蘭、中國、索馬利亞、巴基斯坦和希臘。學校老師都非常資深，教過我們的哥哥姊姊、表哥表姊，甚至是我們爸媽。而每天上課都好像在複習家族史，老師會隨時提醒我們是從哪裡來的。老師常炮轟我，「你很愛講話，就跟你表姊一樣！」但這個評語讓我覺得心安，因為老師對我家瞭若指掌，知道我的家世背景。

當時的教師不會像現在這樣調校，因此教室對教師而言就像家一樣，他們會以自己獨特的風格加以布置。我很喜歡一位瑪塔老師，她是英格蘭人，每天都穿獅子山共和國的印染布罩袍，大顆串珠隨著她的步伐叮噹做響，手上戴著閃閃發亮的特大號戒指。她用美麗的垂墜布料裝飾教室，顏色大膽鮮豔；此外還設置了舒適的閱讀角落，放上色彩飽滿的大地色系坐墊。

隔壁教室的凱德老師熱愛植物，每個窗台上都擺了大紅色的天竺葵盆栽。我會把鼻子湊近花瓣聞，心想著那麼漂亮的花竟然一點都不香，真是掃興。但是這間教室是完美的學習環境，既繽紛華麗又明亮。雖然學童各自有必須面對的挑戰，但都得到公平的待遇。對於我們的多元文化背景與不同信仰，學校抱持鼓勵的態度。我放學回到家後，會教我的希臘籍媽媽唱印度教排燈節的歌，那是我下課玩耍時從同學那裡學來的。

從上述的環境變成到學生絕大多數來自中產階級的學校任教，感覺我降低了學校生活的朝氣與活力。不只如此，我感到緊張、沒把握，自認好像不夠格教這些孩子，因為我和他們的共通點少之又少，更不用說還得面對家長。也許某種程度來說，我到阿伯頓社區中學任教就像回家一樣，彷彿繞了一圈又回到懷念的幼時學校。

所以我改變了那間維多利亞風格的教室：把原本的牆面刮乾淨，準備重新粉刷，然後用顏色飽滿的布料妝點，重現童年記憶中的教室。我安排一個角落展示自己的藝術作品，讓孩子看到老師也在持續創作。我向凱德老師致敬，在每個窗台擺了盆栽，把生命的氣息帶進教室，並且看到這一切對孩子的影響。如果我沒有努力改造教室，那麼孩子們進到這空間時，心裡會做何感想？我希望教室傳達給孩子的訊息是，他們值得受到尊重和付出。

驚為天人的鉛筆素描

整節課我持續觀察艾瓦羅，但他沒有和其他孩子一樣埋首創作，只是坐著直視前方。我走回他身旁，發現他沒有帶鉛筆。

「拿去，艾瓦羅，」我說，「這幾枝都可以用。」

我放了幾枝鉛筆在他桌上，然後轉身走開。他猶豫的拾起其中一枝，好像不知道該拿鉛筆做什麼。直覺告訴我要讓他自己慢慢適應、習慣新環境。我從沒受過特教訓練，而老師常常得倚靠自己的直覺，但人生的許多事不都是如此嗎？我們日復一日、年復一年看著學生在教室來來去去，漸漸明白人想要什麼、需要什麼。但當時我是還在摸索的新手，不確定自己的做法是否適合每個孩子。

我看著艾瓦羅，幾分鐘之後他開始畫畫。快要下課的時候，我在教室裡到處察看每位學生的進度。走到艾瓦羅的桌前時，我得瞇起眼睛才看得到他在紙上畫的東西。在那張A3紙的正中央有個超迷你的瓶子，大小跟郵票差不多。但他對細節的講究令我驚豔，瓶蓋的弧線筆觸細膩，經過一小時的作畫，雖然還沒完成，但立體圖案慢慢浮現。他的畫作尺寸讓我有點擔心，不過並不意外。美術老師可以從孩子的作品中讀出很多訊息。在這麼大的一張白紙上，東西只小小的畫在中間，我清楚了解艾瓦羅身在此處的感受：超沒自信，覺得自己很渺小。

但我也發現他的天分，因為有些孩子永遠畫不出立體物品，所以艾瓦羅絕對有潛力。但是該怎麼把這男孩引出他的殼外？我完全不知道是否有這個可能。

「真是好的開始，艾瓦羅。」我說，然後從用品櫃裡拿了一些文具給他。我幫他弄了個文件夾，貼上他的姓名貼，塞了本素描簿進去，然後放到他桌上。

「你的功課就是畫另一個靜物。」我的音量比平常大聲，發音也刻意字正腔圓，有別於對其他學生講話的方式。我怕自己的口吻聽起來太小看他，但又擔心他聽不懂指令，當時我根本不知道他是否有認知障礙。

「你聽得懂嗎？」我問。

他還是直視前方。

下課時他什麼都沒說，悄悄的就走了。

隔週我們繼續靜物主題，只是我把紙換成黑色，發給孩子白色和灰色的粉蠟筆，讓他們可以練習色調和色度。艾瓦羅坐在同一個位置，而上週我拿給他的塑膠資料夾擱在一旁，看來他有記住這件事。

我對全班示範完之後便開始巡視，幫助個別學生素描。當我走到艾瓦羅的位置時，課堂時間已過一半。他當然還是靜靜坐著，但肩膀有比上週放鬆，至少有點進展。他正在專心畫畫，我靠近看，感覺隱隱約約不清楚，跟上次一樣小小的，但他拿錯筆，拿著鉛筆在黑色紙上畫。

「艾瓦羅，」我輕聲說，「你這樣根本看不到自己在畫什麼。要不要換白色粉蠟筆試試看？」

他很快搖搖頭並緊握著鉛筆，好像很怕要換掉他已習慣的東西，不想要這枝新的、陌生的蠟筆。我不多做干涉，也許他比較喜歡那幾乎看不見的素描；也許他想隱身在教室的牆裡，不被發現。

上課時我順道收作業，站在每張課桌前評點學生交出來的作品。但我走到艾瓦羅身旁時，他沒有完成的作品可交，只是頭低低的專心畫畫。

「你有做功課嗎，艾瓦羅？」他沒做聲，只是搖搖頭，手沒有停下來。

我從他旁邊離開。以前的學校應該沒有要求艾瓦羅做作業吧，也許作業對他來說是個陌生的概念。

下課後，學生們三三兩兩離開教室，有兩個女孩子遲遲沒走，想要和我討論專題。我邊看她們的作品邊和她們談，同時眼角餘光瞥見了艾瓦羅。他走出教室時經過我的桌子，不知道放了什麼東西在桌子一角。我眼睛突然為之一亮，忍不住倒抽一口氣，那是一張鉛筆素描，主題是電吉他，畫面毫不費力捕捉了落在琴身上的光線，以完美、優秀的細節呈現了陰影和色調。他一定花了好幾個小時。畫作上有艾瓦羅的落款。

「艾瓦羅！」我大叫。此時正朝門口走去的他停了下來。

我興奮的丟下兩個女孩，一個箭步朝他衝過去。

「你畫的嗎？」我迫不及待的說。

他沒回答，還是盯著前方，沒有眼神接觸。

我站到他面前，對著他揮舞著畫。

「艾瓦羅，」我說，「畫得超棒。」

緩緩的，他首次和我對到眼。

「這真的是你畫的嗎？」我問。

他點點頭。

「你畫多久？」

他沒回答。

我連珠炮的拋出一串問題。吉他是他的嗎？還是從網路下載照片來畫的？他怎麼知道要這樣畫陰影？還有更多像這樣的畫嗎？

他環視教室，把重心從一隻腳換到另一隻腳，彷彿希望有人過來救他。結果，在教室另一頭的那兩個女孩聽到我興奮的聲音，竟也跑過來讚美他。

上課鐘聲響了，但我還不能讓他離開。我跑向用品櫃拚命抓東西出來：一盒油性粉蠟筆、一些水彩顏料、水彩筆、各式紙張、炭筆、更多鉛筆。我迅速走向他。

「我希望你這樣做，」我說，「畫更多給我。畫什麼都可以，你最喜歡的東西，你家的鑰匙、你的足球或耳機，你喜歡的都可以。明白嗎？」

他盯著我塞進他資料夾裡的美術用品。

「聽懂了嗎？艾瓦羅，」我重複說，「我希望你畫五樣東西給我，想畫什麼都行。這樣可以嗎？」

艾瓦羅看了我一秒鐘，點了點頭，然後從我手中拿過資料夾，快步離開教室。

「老師？」其中一個女孩開口呼喚我，我才回過神來，她們耐心的等我好久了。

那天晚上，艾瓦羅都已下課回家好一陣子了，我心裡卻仍縈繞著他的畫。我是不是真的低估他了？

在美術課中建立起自信

不管我準備哪堂課，都會把艾瓦羅放在心上，我想到那張大大的A3紙正中央小小的素描，知道自己必須找出建立他信心的方法。而我打定主意要試的一招，就是讓他使用不同的媒材，所以接下來的一週，我請全班進行水彩靜物畫。我一如往常先做示範，然後巡視全班，確認每個人的進度。當我走到艾瓦羅旁邊時，看到他凝視著那些水彩筆和顏料。

「我以為你這週會想試試看水彩畫。」我在他桌前駐足並如此說。

艾瓦羅搖頭。

「除非你讓我知道你還做得到哪些事，不然我沒有辦法給你GCSE成績。」我對他說。

他還是坐著直視前方。

「好吧，我先帶你做一遍。」我知道他缺乏的不是能力，而是信心。

我把水彩筆沾上顏料，然後用沾著顏料的筆尖劃過紙上。

「就這樣，」我把筆遞給艾瓦羅，「現在你試試看。」

他從我手中接過筆，試探的在紙上點一下，然後拉了一道線條繞過他畫的罐子。

「很好。」我說完就往下一個學生的桌子走去。但下一秒當我回頭看時，他已經把水彩筆放下了。

我又走回他面前。

「好，現在又怎樣啦？」我問。

他並沒有回話，所以我再次拿起水彩筆畫了一道線條，然後把筆交給他，看著他做一遍。

「很棒。」我說完便再度走開。

我看著其他學生的作品，眼神飄向艾瓦羅，發現他又盯著紙發呆了。我知道自己得一步一步引導他，我畫一筆，他才會畫一筆。所以那整節課我們就這樣繼續下去，我畫一條線，他就跟著畫一條。在那一個小時裡，線條慢慢變得更長更寬，他的信心也是如此。同時我也會照顧其他舉手求助的學生，前去解決他們的問題，就這樣盡力同時顧到艾瓦羅和其他學生的需求。當那節課結束時，我覺得辛苦有了回報。

那時我靠在另一個學生的桌旁，突然覺得背後有人。

「這……這些要放哪裡，老師？」

「那邊，架子上，」我回答，但對那個聲音沒什麼印象。一轉身我才恍然大悟，說話的正是艾瓦羅。這個進到我班上時完全不開口的小男孩，這個有特教需求、對自己沒什麼期待的小男孩，第一次開口跟我說話，而這一切都是美術的功勞。我不想大驚小怪，也不想讓艾瓦羅尷尬，所以什麼都沒說。我注意到他有點口吃，也許他是因為這樣才不愛開口。但他有天分與潛力，我之前低估了他，實在是愚蠢至極。

艾瓦羅繼續來上我的課，每週我都看到他變得更有自信。當他的天分受到肯定後，似乎在學校其他方面也有了信心。我看著他交了朋友；看著他午餐時間在餐廳和其他同學互動；看著他下課時間在操場踢足球。他不再拖著步伐進教室，而是昂首闊步，並且和其他同學嘰嘰喳喳聊個不停，好像他就屬於這裡。我訓斥他不要講話的那一天，全班哄堂大笑。

「拜託，艾瓦羅，」我說，「不是叫你安靜一點嗎？」

他不好意思而臉紅，但是掛著微笑，露出不整齊的牙齒和鐵絲牙套。

我們就這樣上了兩年課，考 GCSE 時，他和其他學生一起參加。從來沒被期待參加考試的艾瓦羅，拿到了等級 D 的成績。他母親一起來到學校拿成績單。

「謝謝，謝謝。」她邊說邊張開雙臂擁抱我。

艾瓦羅一整天都止不住笑。在過去曾參加的所有考試中，這是他唯一拿到的 GCSE 證書。

科主席阿曼多也過來恭喜他。

「你知道嗎？他只差三分就達到等級 C。」他對我說。

「等級 C？如果他拿到 C，其實可以參加 A-level（高級程度）考試。」我說。

同事點點頭。我覺得心中燃起了小小的火苗。

「我們應該這麼辦，」我說，「該試試讓他上 A-level 的課。你想上嗎，艾瓦羅？」

他的表情說明了一切。

那年暑假，我遊說校長讓艾瓦羅上 A-level 藝術課程。最後她打電話來說，如果我覺得能幫艾瓦羅順利通過，她樂見其成。她希望艾瓦羅的課表排好，這樣也可以同時重考英文和數學的 GCSE。

「沒問題。」我說。

艾瓦羅成了美術教室的固定班底。只要有空堂，他就會坐在我們教室後面準備自己的作品集，或是增進自己的能力。學弟妹很喜歡有他作伴，大家給他「駐班藝術家」的封號，課堂上會找他求助，或是詢問怎樣才能像他那樣素描或畫水彩。看艾瓦羅跟學弟妹互動是很愉快的事，他的口吃會消失，擔任小老師的角色似乎讓他相當自在。

A-level 成績公布的那一天我在希臘，就躺在我爸媽渡假小屋旁邊的沙灘上。我姊姊瑪麗亞也是老師，成績公布的那一刻，我們的手機同時響起。每年成績公布的日子大都和我的年假重疊。當瑪麗亞和我手裡拿著冰飲、腳趾頭沾滿沙粒，專心的查詢成績時，全家都知道不要打擾我們。我看到艾瓦羅的名字，立時跳起來大叫，不知情的外人看了，一定以為是有鯊魚出沒。

「怎麼了？」瑪麗亞問。

「艾瓦羅拿到 A！」

幾週之後，艾瓦羅返校拿他的作品並整理資料，我從來沒見過他的笑容那麼燦爛。

艾瓦羅教我的事情彌足珍貴。特教學生常常被低估，當他初次踏進我的教室時，我不也那麼認為嗎？但他向我和每個人證明，我們是錯的。他原本完全不被看好，被認為根本過不了 GCSE，但最後卻在 A-level 拿到等級 A。

有關學習障礙學生的統計數字，讀來令人十分不安。他們在小學時被霸凌的可能性是兩倍；被學校開除的可能性是七倍；貧困度日的可能性是兩倍；求職就業也困難許多。不只我對他們期望很低，整個社會都是如此。教師也沒有充分的能力與資源去支援他們。一份二〇一五年的評論談到，教師所受的特教訓練相當不足，文中結論說，「對特教學生的優良教學，就是對所有學生的優良教學。」五年後，我仍未見到教師訓練有什麼改善。

每天在學校都有像艾瓦羅這樣的孩子，坐在教室後方想要融入，或是怕被注意到而不敢吭聲。艾瓦羅之前退縮到無聲的世界裡，因為他自認不配在真實世界裡有一席之地。我們常忽略像他這樣的孩子。教師往往忙得團團轉，被工作掩沒，無暇也無力顧到像艾瓦羅這樣的孩子，但時間和耐心偏偏又是這些孩子最需要的。不過請你看看，要是我們如此做，孩子能夠達到怎樣的成就。

艾瓦羅的故事相當平凡，卻全面翻轉了我對教育的想法。我發誓永遠不會再以第一印象去評斷學生。然而，許多孩子在學校裝出的形象，想了解其背後隱藏了什麼，我要學的還很多。

02

不良少年：一套制服開始的改變

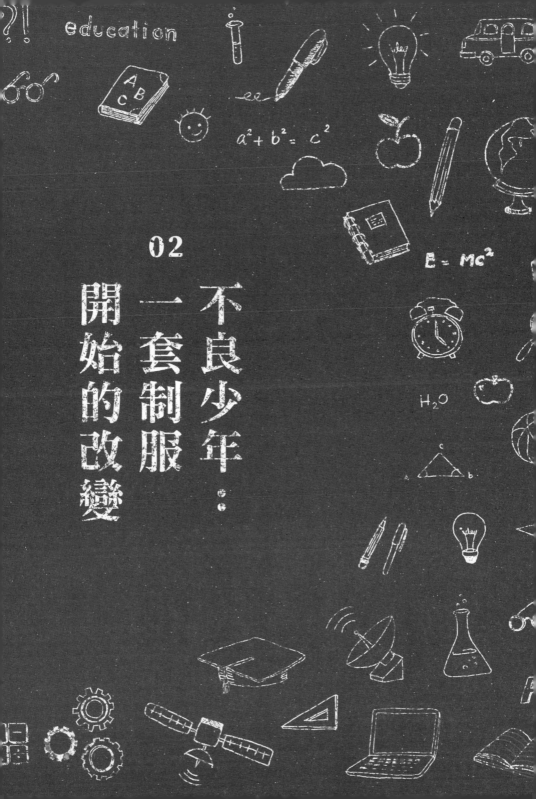

穆罕默德．阿布杜這孩子是個大塊頭，看起來比實際年齡老成許多。他是阿爾及利亞人，有地中海深膚色和大大的褐眼珠。因為體型的緣故，他在學生當中十分顯眼。和其他學校的學生相比，我們學校的孩子看起來就像是小了十歲，他們通常因為家庭經濟壓力大，所以有營養不良的情況。相比之下，儘管穆罕默德才十三歲，看起來卻像是大了十歲，而且他還會抽菸，食指早已被尼古丁染黃了。他在九年級時來我們學校，那時我是學年主任。我曾和他媽媽、姊姊及他面談，他們一家英語都不行，穆罕默德和姊姊只會基礎英語，而他媽媽在面談時什麼都沒說，只是靜靜坐在輪椅上，兩個小孩輪流翻譯零星訊息給她聽。這家沒有父親，穆罕默德就是一家之主。

面談時我沒發現什麼問題，但等到孩子開始上學後，他們處境的真實情形才逐漸顯現出來。

我們這區許多孩子都在跟貧窮拉鋸，窮困到令人難以置信，此話一點也不誇張。他們光是每天能來上學，就是相當了不起的事了。為了受良好教育，這些孩子與逆境搏鬥，很可能反過來是他們在照顧父母，其中艱辛是我們這些幸運的人不曾經歷過，甚至根本無法想像的。由於我在教書生涯中見過太多這樣的孩子，因此學到在教室裡要慈悲為懷，因為我不會知道孩子那天早上為了來上學，經歷過哪些事情。如果他們沒有穿著燙得直挺挺的制服，或者是遲到幾分鐘，我不願因此大聲指責。誰知道那天他們家裡發生了什麼事呢？

移民家庭的思鄉情懷

大多數人認為移民是為了擺脫貧窮才出走，但我家和其他許多移民並非如此。我的爺爺奶奶在一九五九年戰爭爆發前離開賽普勒斯。我的家族完全知道「拋下熟悉的一切」是什麼滋味，而身為第二代移民，我記得這些傷疤如何烙印在家庭裡。某種程度來說，那種痛苦真切存在。我奶奶堅持我們要守住希臘裔賽普勒斯人這身分。我們每週上希臘學校兩次（跳舞是我最愛的課），而且在家只准說希臘語。

我叔叔若聽到我們用英語回話，就會厲聲斥責，「反正以後在學校就會學英語。」

奶奶總是在煮飯，一次又一次複製以前在法馬古斯塔（Famagusta）家裡的希臘菜食譜。法馬古斯塔如今已成為地中海的鬼城，當年居民在晚餐吃到一半時被迫逃離家園，多年之後從某些房子的窗戶看進去，還能見到擺著碗盤刀叉的餐桌。並非每個人都離開了家園，我媽媽的阿姨因為年紀大了，拒絕離開唯一的家，結果在捍衛家園時遭到射殺，曾愉快相處幾十年的土耳其鄰居把她埋葬在一堆石頭下，讓她死後能保有活著時被剝奪的尊嚴。在成長過程中我聽了許多這樣的故事，我們做的傳統賽普勒斯鹹派裡摻進了怨恨之苦。我還記得另一個故事：有個鄰居在離開賽普勒斯前有點餘裕，於是衝進房子裡去拿她認為最寶貴的東西：女兒的成績合格證書。即使在戰亂時期，教育仍然相當受重視。如果被迫要到另一個國家展開新生活，她想確定未來能給女兒最好的機會。

奶奶會揉著麵團，娓娓講述他們離開的那座天堂島嶼，她說還留在那裡的人被困在南部，他們把天竺葵種在橄欖油的空罐裡，決心不要讓根部接觸土地，等待哪天能回到被迫放棄的家園。我奶奶曾回去過一次，發現有另一家人住在她心愛的石造房屋裡。在她述說這段往事時，我正好挖了一匙餡料塞進起司派，這種鹹派加了起司和葡萄乾，通常是用來慶祝四旬期的結束，而我姊姊瑪麗亞把蛋液刷在其上。奶奶詳述窗戶上用珍貴綢緞縫製的窗簾，而當年她沒能帶走。我爺爺是陶藝師傅，很多人會來購買他做的陶器，然後把肉品和起司裝在裡面，埋到地下湊合當冰箱用，可以保存食物好幾個月。

「哦，我們埋在土地裡的食物啊。」奶奶會舉起雙手朝天，嘴裡喃喃說著。賽普勒斯比英格蘭好，每片海灘都是天堂，海水比世上任何一處都藍，沙子也更細。奶奶會環視我們擁擠的狹小公寓，想起賽普勒斯的後院；那片一望無際的果園種滿柳橙樹，養了雞、豬、火雞。後院裡有放滿赤陶鍋的陶窯，一整天咕嚕咕嚕滾著食物；如今她只能在小小的瓦斯爐上烹煮這些佳餚。

「要是我還有賽普勒斯的爐子就好了。」她傷心的說。

去市場採買時，她會拿起水果直搖頭，用希臘語嘀咕道，「這也可以叫番茄？賽普勒斯的番茄是這個的三倍大，還更好吃。」

「還有英格蘭的起司，」奶奶失望的搖著頭，「勉強還可以啦！但是說到賽普勒斯的起司啊……」

她邊說邊做出飛吻的手勢。

我們會聽她訴說一個又一個故事，彷彿只要如此，就能讓這些事繼續活在她心裡。會保留祖國身分認同、語言、食物、文化傳統的移民不在少數。我們唯一的英式體驗是每週五的炸魚薯條，但也是從希臘油炸食品外賣店買的。

我們這些移民的孩子，通常會有「在家」和「對外」兩種樣貌。對我而言，這兩面有時候會重疊，每當奶奶到學校接我時，老師會告訴奶奶我在學校的表現，此時我就必須把英語翻譯成希臘語。在這之前，老師根本不知道我會說兩種語言。

我們很幸運，沒經歷過其他人遭受的歧視。在倫敦東區人押韻俚語[1]裡，希臘人（Greeks）被叫做 bubble and squeak（字面意思是「泡泡和吱吱叫」，指用剩菜和馬鈴薯油煎而成的料理「菜肉薯餅」），簡稱 bubble。這對小時候的我來說沒什麼影響，但我媽痛恨這稱號。每次奶奶自己去買菜時，我都會很擔心，因為她知道的英文單字只有「哈囉」、「謝謝」和「馬莎百貨超市」。

也許我一向同情學校裡的移民學生，原因其來有自：他們的媽媽讓我想起自己的奶奶。他們離家幾千里遠，也遠離熟悉的語言與朋友，一定覺得茫然，而且處境多半比之前差很多。但父母執意如此，認為這樣至少比較安全。我知道若學校老師能用奶奶的母語跟她打招呼，對她的意義會有多大。或許正因如此，為了紀念奶奶，我為自己學生做這樣的事。我學會用十幾種語言的「哈囉」、「你好嗎」、「歡迎」，也看到學生進學校時，家長和孩童聽到打招呼時的反應有多不同。身為移民之子，我骨子裡知道處於陌生國度的感覺有多孤單。

由於我尊敬移民那種韌性，就像我家族長輩身無分文來到異鄉白手起家、成家立業。因此，我一直相信師生之間的尊重是雙向而非片面的。

問題行為源於家庭困境

接下來幾個月，我愈來愈了解穆罕默德，因為他幾乎每天都被送進我的辦公室。他總愛跟某群孩子混在一起，感覺可能會出事。伊姆蘭．汗是當年差點讓我一夜白了頭的孩子。如果有東西不見或被偷，那就是他幹的，但他又超會裝無辜，從來不會承認。甚至一開始我還會懷疑自己怎麼會指責他？等到調閱走廊的監視器影像才知道真相。薩繆

1 譯注：押韻俚語（cockney rhyming slang）指的是用一個與單字韻腳相同的片語，來代替那個單字。例如「frog and toad」是「road」的押韻俚語。

爾・坎柏是另一位跟穆罕默德很快就變哥兒們的學生，但不管在校內或校外，他根本碰不得。薩繆爾的媽媽是高傲的非裔加勒比基督徒，兒子在她眼中簡直完美無瑕。然而，薩繆爾之所以紀錄清白、從沒被處罰，是因為他都使喚別人去做壞事，你會看到他在走廊上和其他孩子祕而不宣的神色，點個頭示意著什麼。穆罕默德怎麼如此快就融入這幾個孩子之中？我的經驗是，學生的某些特質會讓他們彼此吸引。他們的背景並不相關，薩繆爾是加勒比人，伊姆蘭是索馬利亞人，而穆罕默德是阿爾及利亞人；但他們有共同點，彷彿是在說「我可以跟你合作」或「你對我可能有用」。某個遊戲場規矩是這麼說的，「親近朋友，更要親近敵人。」但也許穆罕默德受歡迎的主因是他菸不離手，多數學生認為那樣很酷。

像穆罕默德這類的學生，都有種自命不凡的神色：走路抬頭挺胸、大搖大擺，一副此路是我開的模樣，但之所以營造這種形象，原因是他們其實不堪一擊。穆罕默德一來我們學校，就得先穩固自己的地位。他脖子上掛了一條沉甸甸的金屬鍊，在其他學生看來似乎很了不起，此舉或許能轉移大家對他穿著的注意。特別是在像我們這樣的學校裡，當個大人物總比無名小卒好。穆罕默德穿不下普通尺寸的學校制服，外套也完全不行，所以他每天都穿同一套便服來上學，但是有刻意偽裝成制服：黑色牛仔褲、白襯衫、舊的黑色長袖運動衫，上頭有 Nike 的標誌，但他用麥克筆把標誌塗黑。他的衣服領口髒兮兮的，而且不管走到哪裡，都散發出難聞的體臭。他的態度很差，被老師趕出教室是遲早的事，光是他沒穿制服這一點，就足以讓老師們有理由治他。而且愈是認定他壞，他就愈壞給你看，表現完全符合大家對他的期待，因此，他最後常被送進我這學年主任的辦公室。

「這次又怎麼了，穆罕默德？」我問，「史密斯老師說你在他教室丟椅子。」

「是嗎？反正我不喜歡他。他罵我耶，主任！」

這說詞我不曉得聽過多少遍，多到我都要調整工作規畫，把穆罕默德上某些課的時間先空出來，因為我鐵定會被叫去調停紛爭。穆罕默德似乎對男老師特別有意見，他也討厭上他們的課，所以往往會遲到。我一直認為他能到課已值得嘉許，但其他老師並不這麼認為。穆罕默德知道，他一到班上就會被老師盯，他們可能看他一眼，然後說，「難怪你會遲到，檢討一下你的態度。」誰會想一直被針對？沒多久就會爆發吧？不過穆罕默德決定不予理會，並且告訴自己沒必要走到那一步。然而，老師卻持續在全班面前羞辱他，所以才沮喪到拿起椅子丟過去。

「你的制服呢？」我問。

「主任，我沒有制服。」他說。

我看著他用麥克筆塗黑的 Nike 標誌，這件衣服顯然從沒洗過，他的體臭味已交織在每一條人造纖維裡。

「我們該怎麼辦，穆罕默德？你有碰到什麼需要讓我知道的事嗎？」

我已經打電話到他家好幾週了，但還沒跟他媽媽說到話。

「沒必要打給我媽，她不會說英文，主任。」他說。

「那樣的話，我們可以請媽媽到學校來，透過翻譯跟她談。」我提議。

穆罕默德跌坐在椅子上。

「沒有必要，主任。我媽坐輪椅，她有多發性硬化症。而且她不能離開家門，不然房東會把鎖換掉。」

我看著穆罕默德，他戴的面具滑落了短短幾秒鐘。

「你可以跟我姊姊萊拉談。」他說，然後不情願的給我萊拉的電話號碼。

隔天，只比弟弟大幾歲的萊拉來到學校，穆罕默德也一起進我辦公室。儘管萊拉化著大濃妝，但我看得出她素顏很美，而且有著一頭黑捲髮。她做了水晶指甲，戴著大圈圈耳環，穿著緊身牛仔褲。她的模樣和接下來所訴的苦大相逕庭，但我相信她句句屬實。萊拉白天讀大學，晚上在工廠上班，微薄的薪水難以維持家計，我聽了才明白，穆罕默德的制服根本不是他們家首要之務。在穆罕默德完成學業前，全家生計都要靠萊拉維持，而且正如穆罕默德先前所言，他們隨時擔心會被房東趕出去。我的目光在這兩位青少年之間遊走，並且注意到穆罕默德在姊姊身旁的舉止：一開始就像平常一樣的狂妄，隨著姊姊說出愈來愈多家庭情形，他脆弱無助的一面開始顯現。萊拉的英文並沒有比穆罕默德好多少，但聽得出來她盡可能如實交代他們那令人心痛的故事。

孩子需要尊重而非同情

「我們在阿爾及利亞日子過得不錯，不像現在這麼窮，」她解釋，「那時我們父親已經先到倫敦了，他說這裡的生活比較好，叫我們一定要過來。他沒辦法寄錢給我們搭飛機過來，所以我們從阿爾及利亞搭巴士。這趟路很長，我們花了好多好多天，巴士換了又換。我們到倫敦時，媽媽病很重，而房子很爛，又冷又濕。然後我們爸爸在這裡有了女友，就拋下我們跟女友走了。那時我們連英語都不會說。我們沒有工作，沒有錢，什麼都沒有。我們付不起房租，他們趕走我們。然後我們找到另一間房子，比第一間還差。我想付錢，但我們錢不夠。我們爸爸走了，他不幫忙。」

我瞄了一眼穆罕默德；突然間，他看起來和平常在走廊大搖大擺的模樣很不一樣，而是縮在椅子裡，彷彿時光倒流一般，他又變成當年的小男孩，而非如今的青少年。我也恍然大悟，為何他總會和男老師起衝突。原本理應是行為榜樣的父親，竟然拋妻棄子，任憑他們在糟糕的環境中受苦，如此，他又怎會服膺男性權威呢？在來到這國家的漫長旅程中，他們遭受的許多痛苦我無法撫平，也無力給予慰藉。接受此事是身為教師最難的課題。但我謝謝萊拉讓我理解穆罕默德的行為。他選擇了和坐在辦公室裡那個脆弱男孩截然不同的形象，為自己塑造了讓其他小孩敬畏三分的樣貌，這其實不令人意外。他不能冒險讓別人看到自己毫無防備的一面，也害怕放學後無家可歸。有個棲身之地，難道不是我們視為理所當然的事嗎？我再次看著他穿來上學的運動衫，把 Nike 標誌塗黑，代表他也嘗試盡量遵守校規。然而，每天他還是因此挨罵受罰。或許，他也只有這套衣服可穿。

「老師，我們也很擔心穆罕默德，」萊拉轉頭看著她弟弟，「他有時候晚上沒回家，我媽媽很擔心，不知道他在哪裡？是不是惹了麻煩？」

「真的嗎？穆罕默德？」我問他。

他聳聳肩，又戴上那熟悉的面具。

我知道萊拉為什麼擔心。像穆罕默德這樣一無所有、家裡沒收入的孩子，很容易會被忽略，因此成為幫派的目標，或是為了錢鋌而走險去運毒。

「別擔心，萊拉，我們會留意他。如果他沒回家，你隨時可以打電話來，我們會讓你知道他安全的在學校。」

當萊拉離開、穆罕默德也回去上課後，我有點希望將穆罕默德的狀況告訴他的老師，希望他們知道穆罕默德克服了多少不順遂，而且即使困難重重，他每天都還是來上學了。如果老師們都知道，或許就能對他網開一面，並且能（和我一樣）理解到，有比制服或遲到更重要的事。了解情況後，我對穆罕默德和他的家庭有了新的尊重，要特別強調是尊重而非同情。但學校規定不能和同事分享這訊息，因為可能會讓穆罕默德和他的老師受到影響。身為學年主任，我會知道之前不知道的學生背景資料；如果我把訊息轉告教師，他們也許會改變對待穆罕默德的方式，或是任何有類似狀況的孩子。教師可能會基於好意而給予更多注意或同情，而同儕可能會感覺到個中差異，於是造成排擠。又或者老師不經意透露此事，讓他在同學面前覺得難堪，如此一來就會失去我們跟穆罕默德建立起的信任。我們學校有些學生的父母罹癌病危，但是我不會知道，他們的老師不會知道，除非學生自己告訴老師。學校的宗旨就是讓學生以一個普通小孩的身分過日子。我們希望孩子像一張白紙一樣走進新的班級，而不是把個人歷史帶進每個新學年。行政端會告訴老師的，最多只是這孩子比較脆弱，讓人知道孩子的行為有無改變，但通常盡量讓教師負責他們最主要的教學工作。因此，學校會有輔導諮商教師，負責處理其他的問題。

現在我比較了解穆罕默德，但不確定要怎麼做才能讓他的生活輕鬆一點。很多次萊拉打電話給我，詢問穆罕默德是否在學校，我就會去教室找穆罕默德，告訴他媽媽正在擔心。

「主任，我剛剛很累，在朋友的沙發上睡著了。」他說。穆罕默德提到，有位叔叔目前在他們家，我猜想這會不會影響他待在家的意願。

嶄新的衣服，嶄新的表現

然而，一週又一週過去，他還是因為同樣的原因被送來我辦公室：沒穿制服、態度不佳、上課遲到。直到有一天，爆炸的不是穆罕默德，而是我。事情一如往常：老師投訴穆罕默德，把他送來我這裡。他再度因為沒穿制服而被罰放學留校。

「你為什麼對老師沒禮貌？」我問他。

「主任，我受不了他。他每次都對我大聲，讓我不爽。」

我嘆氣道，「你以為我喜歡每個同事嗎？沒這回事，但是我們必須表現專業，必須跟大家和睦相處。」

他點點頭。

「我不能去推別人，叫他滾開。」我告訴他。

穆罕默德顯然陷入了惡性循環。一直被罰課後留校並沒有解決問題，反倒讓他更憤怒，甚至有另一個理由厭惡學校、輟學出走。連我們努力要把他留住的地方（因為學校或許是唯一的安全棲身之地），看起來都像是在跟他為敵。我可以理解為什麼他快放棄了。我看著坐在那裡的穆罕默德，他的衣服已穿了好幾個月，領口累積厚厚的汙垢。他完全沒有贏面，除非我幫助穆罕默德打破這個循環，否則他不可能覺得自己能跟一般孩子一樣，可以有一天不被挑毛病。

「可以了，」我站起身來拿包包，「我受夠了。」

「主任？」他說。

我衝出辦公室和學校大樓，可以聽見身後他追來的腳步聲，但是我坐進車裡，開出停車場，從後照鏡中看到他的身影。

我知道自己準備要做什麼，這件事可能會讓穆罕默德覺得我在可憐他。我不能讓他這麼想，我得給他一點自尊，所以必須假裝生氣。

身為教師，很多事情不能往心裡去，否則這份工作會讓人情緒起伏太大。我聽過很多像穆罕默德這樣的移民故事，他們為了更好的生活而遠渡重洋、歷經危險。有時我們必須抽離情緒，不然只會筋疲力竭，結果無法提供給孩子需要的避風港。但這男孩幾乎天天都到我辦公室報到，我唯一可以容許同情的地方，就是學年辦公室。通常他又來到辦公室，輔導老師安奈特會轉頭看我，然後我說，「嗯，就讓他坐在那裡一下子，等他冷靜下來。」這樣總比他在教室裡無法控制怒氣，落得被退學的下場好。若真的到那時，他該怎麼辦？

孩子並不會突然開竅，而是要教的。但當下我連控制自己的情緒都很難了。我知道只有一件事能扭轉局勢。

我在平價超市前停好車並走了進去。因為穆罕默德又高又壯，在制服專區不可能找到合他尺寸的衣物，所以我直接去成人尺寸區，拿了幾條黑色長褲、幾件短袖白襯衫、兩件黑色套頭衫，以及一件黑色外套。結帳時收銀機顯示總共六十四英鎊，我用自己的錢付了。

回到學校後，我將穆罕默德叫進辦公室，然後遞出那幾個購物袋，這舉動讓他嚇了一跳。

「主任，你為什麼幫我買這些？」

「因為我受夠你一直惹是生非，」我說，「但是從今以後就沒有藉口了。你現在有衣服了，剩下就看你的表現。我不想再看到你出現在我的辦公室，聽懂了嗎？」

這些話聽起來可能有點嚴厲，但我需要為他保留一些尊嚴。

「懂了，主任。」他說。

「還有，我不希望你跟別人提起這件事，因為我不會說出去。」

他搖搖頭，我感受到他鬆了一口氣。穆罕默德不希望被當成救濟對象，而我也不願意那麼對他。我從來沒對學生做過這件事，但當時我強烈覺得，如果沒人打破這孩子一再重複的惡性循環，那他就會沉淪其中。有時候，孩子需要我們拉一把。

隔天，有人來敲我辦公室的門。門口站了一個我幾乎認不出來的男孩。

「你看看你。」我邊說邊轉動椅子，面向走進來的穆罕默德。

「主任，我想過來給你看看。」他說。

穆罕默德站在我面前，從頭到腳改頭換面。他嶄新的白襯衫打好學校領帶，穿著乾淨的外套與黑長褲。

「哇，穆罕默德，」我說，「你看起來真帥！」

「謝謝主任。」他回答。

我們再也沒有提起那天的事，也完全沒那個必要。

如果穆罕默德之前的行為都是想符合他為自己塑造的形象，那現在他有新形象了。嶄新的不只是衣服，還有表現。我後來很少見到出現在辦公室的穆罕默德，反倒常從餐廳一角看到他和同儕聊天。

「兄弟，你看起來挺不賴哦！」我聽到其中一個男孩對他這麼說。

穆罕默德的衣服變得乾乾淨淨，其他老師都不敢相信他的轉變。他們發現穆罕默德沒那麼愛搗蛋了，課業表現也開始上軌道。我繼續假裝不知情，信守我的承諾。他不完美，其實每個人都不完美。但多數人都知道，如果我們盡力而為，就會流露出一絲自豪。我們的孩子不也是如此嗎？

從此之後，我會準備各種尺寸的制服庫存，因為穆罕默德並不是唯一違反服儀規定的小孩。

幫學生準備衣服不是老師的責任，但是整體而言，我們見到此舉對學生態度帶來的影響。每個來到我們學校的孩子，都會拿到一條領帶、一件套頭衫、一個書包，這些費用是由學童津貼[2]預算所支應。至少在表面上，這確保每名學童站在平等的基礎上。這是學校歡迎孩子進入我們社區所贈送的禮物，也為父母分擔一點開銷。經驗告訴我，如果孩子看起來聰明伶俐，他們也會表現得聰明伶俐。或者，至少這能讓生活已經很困苦的孩子，少去一件要煩惱的事。

2 作者注：學童津貼是政府給學校的補助金，根據該校學生數核發，用以免費供應學校餐點。

03

教職挑戰：到「爛學校」當老師

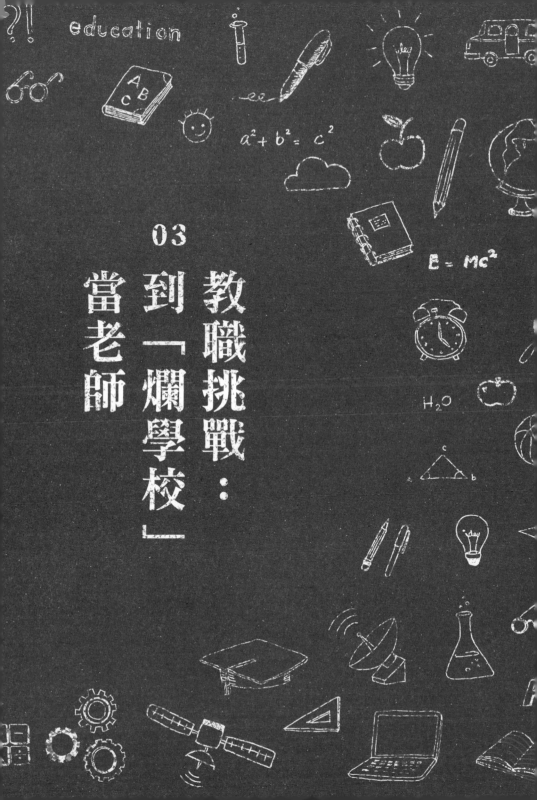

父親其實不希望我參加阿伯頓的面試，他聽了很多關於「壞學區」爛學校的傳聞，覺得那裡的學生不受教；他希望我工作的學校優於我以前就讀的學校。我們這麼快就為一所學校下定論並判定其好壞（英國教育標準局的視導體系大概沒什麼幫助），實在相當奇怪，也許大家一旦對某校有了成見，該校學生也就會有相對應的表現。但著眼於學校的潛力而非缺點，才有實質助益。只要找對校長來領導學校，「良好」學校（英國教育標準局評定等級第二高）很快就能成為「特優」學校。

師培課程包括實習，我分發到的第一所學校位於密德薩斯的史丹摩（Stanmore, Middlesex），那是滿不錯的中產階級社區，居民絕大多數是努力工作的亞洲父母，他們盡量確保小孩能擁有成功的機會，以彌補自己過去的遺憾。孩子遵守規矩，在班上不搗蛋，功課也都準時繳交。在這裡教書太過順利了，跟我自己讀的學校天差地別。在這富裕的社區裡，我反倒覺得自己格格不入。

我還在第一所學校實習時，收到通知第二所實習學校的電子郵件。導師們聽到我被分發到那裡時，全都倒抽了一口氣。

「差很多哦！」他們言盡於此。

截然不同的實習挑戰

前往第二所學校的路程非常舒服。我離開倫敦西北區的水泥叢林，開車上到A41公路，前往綠意盎然的區域和綠樹成蔭的街道。那所學校是美麗的維多利亞時代老房子，有大面積的上下拉窗，儘管名聲不好，看起來倒像傳統的文法學校。我覺得之前同事的擔憂似乎有點多餘。

抵達報到的地方，另外有七位實習教師在等候。我們交換之前實習學校的經驗。大家來自不同的大學，每所學校的師培課程不盡相同。我發現很多人都著重教學理論，反而沒提到教學的核心，也就是「學生」。

進入師培體系的人很多，但最後擔任教職的卻沒那麼多。我還記得在教程的第一堂課，班主任估計到了期末，人數只會剩下一半。當時我完全不解，畢竟我有滿腔的熱忱與精力，認為大家應該都清楚自己入的是哪一行啊！但也許那時我不該那麼訝異。一份二〇一二年白金漢大學（University of Buckingham）的研究報告指出，有三分之一的師培生不會繼續從事教職。二〇一〇至二〇一一年間受訓的三萬八千名教師中，隔年一月還從事教職的有七〇%，而其中只有六一%的教師在公立學校服務。也許是因為我姊姊從事教職，所以我對學校生活的好壞波折有較全面的了解。

我在第二所學校的導師是艾德娜，她是位溫暖的媽媽型教師，在一月的冷天裡穿著變形蟲花紋襯衫和勃肯鞋（沒穿襪子）。她快要退休了，而給我的授課建議只有一個，「讓學生都待在教室。」我繼續追問，想知道更多學習規定、學校政策、評量標準等訊息，但她用同樣的建議打發我，並表示成功教學只有一個原則，就是讓全班都在一起上完一堂課。她帶我參觀學校，走廊吵吵鬧鬧，有人吼叫，有人罵髒話，空氣中瀰漫著體香劑的味道，有人揮拳打架，也有人恐嚇生事。我這才開始明白艾德娜的提醒，這所學校對學生的期望很低；但我面臨的真正挑戰，則是一張張慘白的臉。

在第一所實習學校時，我迫不及待想站上講台，但前幾週只能先觀摩。到了這裡，我卻直接被丟了一個大難題，要負責十一年級的 GCSE 視覺藝術課。

「我從來沒教過視藝，」當晚我跟姊姊瑪麗亞說，「更別說十一年級了。」

她說會盡力跟同事要些課程資料。視覺藝術這科目和美術不太一樣，比較偏設計和科技。我想我得跟學生一起邊教邊學，不過觀摩艾德娜的課沒什麼吸引力，學生似乎也提不起勁。艾德娜發的作業單已重複影印許多次，上面的說明文字變得難以辨識。學生本來應該寫自己的作業單，但是他們的注意力漸漸分散，不久後開始閒聊，雙腳蹺在桌上，男生傳著口香糖，女生則互相比較水晶指甲。這並不是教學，根本就只是當保母看小孩。

輪到我教課時，我決定讓學生參與課堂活動。我問艾德娜第一節課可不可以重新安排教室座位，因為我覺得後面的座位離黑板太遠了。我為每個人印了一份習作，讓學生不用費力看 PowerPoint 投影片，教材都已擺在面前，隨時可以參閱。我不知道這樣安排是否正確，但我知道必須實驗看看，一切都值得一試。

我給艾德娜看自己整個週末準備的東西：塗鴉作業單、護貝的模板、從特易購連鎖超市買的防油紙，可用來讓學生描摹字母。

「非常好，」她如此說，不過感覺有點納悶我為何花這麼多心思，「但是別忘了我說過的話。」

滿是挫折的教學初體驗

當天下午，在鐘響之後十分鐘，學生們成群擠進教室。我之前學校的學生會穿制服，但這裡的學生不會，而且衣著各有風格：女生穿著白色羽絨衣，撥弄著頭髮，手上戴著誇張的戒指，拿著小鏡子檢查毫無瑕疵的妝容，還一邊嘆氣。教室另一邊的男生嚼著口香糖，襯衫不扎進長褲或黑色牛仔褲裡。很多人眼神迷濛、眼皮下垂、瞳孔失焦。感覺多數學生都有點亢奮。

有個男孩舉起手問，「老師，我可以去廁所嗎？」

他幾分鐘前才進教室，顯然是想去廁所抽菸，或者是溜出學校。我搖搖頭，但他還是離座了。過了一會，另一個學生跟著他往門口走去，然後又一個，再一個。我趕緊到門邊擋住他們的去路；這比我想像得困難許多。我叫他們統統回座。

「回去坐好。」我下命令。

這節課我預定要教字型，因此從包包裡拿出一些他們可能有興趣的雜誌，包含音樂、足球、名人等各種主題。我將雜誌發到他們桌上，學生們一邊翻一邊評論，讀有趣的地方給同學聽，或是對著一些照片大笑。我發雜誌的用意並非如此，於是請他們看雜誌裡的字型和符號。

我問學生，「為什麼這些雜誌會吸引青少年？」

他們茫然的望著我，但我逼他們用力想，想在他們腦中播下思考種子，進而能理出頭緒，知道自己為何喜歡這些雜誌。我們做了點腦力激盪，想出幾個答案。我分享自己有個「朋友」是平面設計師，她運用哪些策略吸引目標市場。

「老師，什麼是目標市場？」

這些學生即將考GCSE，但對基本的設計與科技用語一竅不通，看來原地踏步的似乎不只是教職員，學生也是一樣，在找到離家近的工作前，他們就在這裡虛度光陰。他們面前的雜誌說穿了只是干擾，而不是啟發的教材，所以我把雜誌都收了回來。

「我要大家設計自己的字型。」我對他們說。

我走下講台，在每張桌上放了從家裡帶來的繪圖紙和鉛筆。沒有一個人有動作。

「好，」我說，「我們就從哈利開始，好嗎？我會示範給大家看。」

我仔細的用泡泡字體寫了哈利的名字。「你們得用尺，這樣每個字母高度才會一樣，」我解釋，「然後還要畫陰影，才會有立體效果。」

我把完成的作品給學生看。

「哦，哇，老師，好讚啊！」他們說，然後紛紛舉手，要我寫班上每個人的名字。這不在我原本的計畫裡，但至少是個開始，他們總算參與課程了。學生開始動筆，男生寫雲朵字體，女生仿照我的泡泡字。有個男生還是說要去廁所，但我看了看時鐘，知道快要打鐘了，於是告訴他，再多畫幾個字母後就可以去。我在課桌間走動，好像在管控三十隻小獵犬。當分針走了一整圈，這節課只剩下幾秒就結束時，我真的謝天謝地，因為我已筋疲力竭。

「這週的作業是請大家設計自己名字的簽名塗鴉。」我扯著嗓門對吵鬧的教室宣布。但隨著鐘聲一響，學生們穿上外套，桌椅的碰撞聲掩沒了我的聲音，不到幾秒鐘，大家全都走光了，任由學習單和字型練習飄散在地上。

艾德娜回到教室，看見我跪在地上撿紙、鉛筆、尺和橡皮擦。這回，我看她的眼神不同了，我完全可以理解她，並且敬佩她的勇氣。每天面對這樣的班級，很容易陷入永久疲乏的狀態。

我完全不期待有學生會做作業，也明白艾德娜當初何以被迫調降對學生的期待。她從苦澀的經驗中得到教訓，而我之前毫不知情。

從小懷抱老師夢

我六歲時曾自己做了一本學校點名簿，裡面都是泰迪熊的名字，並且放在臥室最重要的位置。我和堂妹安德莉娜玩扮家家酒，她當圖書館員，我當老師，我弟弟克里斯多福當學生，他的名字和毛茸茸、迷濛眼、補釘鼻的熊熊玩偶一起出現在點名簿上。我弟弟小我四歲，不管我玩什麼，他都很樂意當跟屁蟲，只要能夠參與，就算被使喚也樂在其中。我用靠墊充當課桌，他和我的玩偶一起坐好。每位「學生」面前都有一本書，我們去圖書館（其實就是隔壁的儲藏室）「班遊」，在那裡換書。

十年後，我坐在自己的 GCSE 美術課堂上，在心裡重新安排那些課桌椅。我曾告訴自己，等到有自己的美術教室時，我會把所有教學素材都放在角落，窗邊掛上展示作品，把課桌椅排成馬蹄形，環繞我所示範的教學主題。

當時，我還把每份老師發的作業單收著，標記自己覺得特別有啟發性的單元。我在大學主修織品服裝時有位一年級的助理，那時我耐心教導她要怎麼用機器穿針織布。

助理上手之後，我稱讚她做得好，而她跟我說，「你應該去當老師的。」這句話我從小到大聽過太多次了。我當老師是必然、遲早的事。

其實我並沒有那種靈光乍現，確定自己要當老師的時刻，這想法好像從一開始就深植在我心，就只有老師這選擇，不做他想。我父母也沒質疑過我的志向，畢竟我們最偉大的希臘先賢（蘇格拉底、亞里斯多德、柏拉圖）都是哲學和人生的導師。對他們來說，教師這份工作是最受敬重的行業。當我開始修教育學分時，姊姊瑪麗亞已經從師培大學畢業。家裡出了兩個老師讓爸媽很有面子，而他們也覺得，女生擔任教職是再理想不過了。

「這表示你可以跟小孩一起放假。」我第一次跟媽媽提到我要踏入教育圈時，她是如此回應。當時他們的孫子八字都還沒一撇咧！我甚至根本還沒結婚。但我的生涯規畫已連結到將來我會是個「希臘賢妻良母」。

每晚我姊姊下班回家，都有一籮筐的校園故事可說。我不看晚間電視連續劇，而是求她講學校裡發生的事給我聽。每天都有新的劇情：嚴格出名的學年主任，連我姊都十分畏懼，更別說是學生了；她怎麼學會跟無禮的家長過招；學生很信任我姊，願意向她坦白家裡的種種問題。

我大學畢業後，先是在一家服裝設計公司工作，儘管整天身邊淨是奢華昂貴的布料，但和姊姊的工作比起來則相形失色。我很快就厭倦坐辦公室的單調乏味：每天面對同一群人與同樣的場所。我渴望學校生活的未知數、校園鐘聲、教室、學生挑釁的行為和學習的突破……那才是我的歸屬。

找到方法和學生產生連結

接下來的那一週，我努力不被下課時走廊上推來撞去的學生人潮擠走，突然在人群中有人呼喊，「老師！老師！」

我轉過身，是 GCSE 視覺藝術課裡一位瘦瘦的男生。他把背包丟在我腳下。

「老師，我有做作業。」他說。

我們周圍人來人往，有些人撞到他，但他不以為意，並且從背包裡拿出一張印著橫線、有點破爛的紙，那是從歷史課本後面撕下來的，前兩行還有歪扭的細長字跡，寫著關於都鐸王朝的筆記。我第一間學校的家長都買得起專業的素描本給孩子，學生交過來的作業都漂漂亮亮的，但眼前這份作業讓我得意的程度可不亞於他們。在紙張正中間用百樂原子筆畫著他的名字 Mikey（麥奇），是以立體塗鴉風格呈現，完全符合我的要求。我可以從他的肢體動作感覺到，若是在全班同學面前交作業給我，那就不酷了。

我說，「太棒了，麥奇。你讓老師好開心啊！」

他捲髮底下的眼睛閃閃發光，冒著青春痘的臉龐一陣泛紅。

「老師，謝謝。」

我趕緊回到教室，學生再過不久就會進來，我想讓麥奇的作品變得非常特別。我用裁紙機把作品裁成正方形，切掉歷史筆記的部分，然後用影印機放大成 A3 尺寸，接著貼在黑色的紙上，展示在牆上正中央顯眼處，剛好趕上學生進教室（他們當然是遲到啦）。一開始學生根本沒理我，他們對嗆、罵髒話、互相巴頭、閒聊英超，說兵工廠怎樣，托特納姆又怎樣。但此時有個人瞄到麥奇的作品。

「哇！兄弟，那是你畫的？」他們問麥奇。

麥奇一臉自豪的看著牆上的作品。

「對啊，我畫的。那是作業，不是嗎？」

我等到全部學生都對作品讚嘆一番後，才跟他們說明下午這節課要怎麼進行。本來這節課要設計專輯封面，但學生們突然有其他想法。

「不要啦，老師。我想做麥奇做的。你還有上次給我們的那些作業單嗎？」

「對啊，」其他人附和，「我們也想要塗鴉簽名。」

我放棄原定計畫。這些孩子終於對作業產生了興趣。課程中艾德娜進來看一下，見到每個學生都埋頭專心彩繪他們的簽名。她對我揚了揚眉毛，我則聳聳肩回應。快要下課時，全班都往後站，欣賞牆上所有人的作品。下課鐘響時，他們並沒有衝出去。

學生們一反常態的問，「老師，我們下週要做什麼？」

他們甚至把椅子靠好，將用品收好。

當下，我知道自己抓住學生的心了。而這一切不過是因為有位學生交了作業，而教師慎重以對，如此就能鼓勵其他學生起而效法。我們都希望受到讚賞，孩子也不例外。這些學生被遺忘已久，因為一體適用的教育方式其實根本不適合他們。他們需要特別規劃過的課程，要顧及學生的喜好，否則無法吸引並維持他們的注意力。我在這所學校學到的是：老師為學生量身設計課程以引發他們的學習，並不是給自己找麻煩、徒增工作量；事實上，如此才能讓工作更順利，因為找到方法和學生產生連結，真正的教學才算開始。

隔週的課程是讓學生看很多 CD 封面，討論他們最喜歡的饒舌歌手。那時候我只比學生大十歲，對他們喜歡的歌手還略知一二。那節課真的很棒，討論、分享、學習都很熱烈，我就是為此而當老師。後來我最期待上這個班的課，那些之前盯著時鐘等下課的學生，都知道自己有潛力學習更多。

又過了大約八、九週，學生們正在彙整自己的 GCSE 學習檔案，而我在該校的實習也快要結束了。其中一位女學生來找我，我從一開始就對她有印象，因為她根本沒在聽艾德娜的課，只對自己指甲油花色有興趣。但這段時間我注意到她在課業上的轉變，她真的有才華。

「老師，你明年還會繼續教我們嗎？」她悄聲問，「因為我在考慮要不要繼續修這門課，然後去考 A-level。」

我先是撇過頭去，不確定該怎麼說，最後仍只能據實以告。

「你明年一定要去考藝術的 A-level，」我說，「因為你真的很棒。」

初次踏入阿伯頓社區中學

第二所學校的教學經驗讓我完全改觀。父親不希望我參加阿伯頓中學的面試一點都不重要，他並不知道，我想教的就是那樣的學生。我想在自己能貢獻一己之力、做出改變的地方任教。

父親仍不死心，他說，「那間學校聽說常有打架事件，不是間好學校，你不要去，那一區不好。」

但無論他說了什麼，都無法說服我打消念頭。

我告訴父親，「我想要有教學經驗，美術老師找工作不容易，職缺很少。我只待一年，然後就找別的工作。我保證。」

聽我這樣說，他似乎就能接受了。

當我發現自己進入複試時，瑪麗亞答應要幫我準備。複試的其中一關是要試教。

「他們要你教什麼？」瑪麗亞問我。

「他們還沒跟我說。」我聳肩回答。

「你要去問啊！你至少要知道教學對象是哪個年級？教室座位是怎麼安排的？你試教前學生進度上到哪裡？安卓亞，這些你全都要事先準備。」

我發了電子郵件給學校，但得到的答覆只有「教九年級的一個班一小時」。

我告訴瑪麗亞，「看來我想教什麼就教什麼。」

瑪麗亞皺著眉頭說，「聽起來不妙，」她原本對機會的熱切盼望減退不少，「說不定老爸是對的。」

「才不是，」我說，心裡想著視覺藝術課的學生，「我可以的。」

兩週之後，我開車進到阿伯頓社區中學的停車場，時間是上午八點五十七分。我預計九點報到，要不是因為慌張忘了帶檔案而折回家，我早在半小時前就抵達了。我姊整個週末都陪我做模擬面試，我也忙著為個人檔案和教案進行最後的潤飾。我還準備了一袋基本用品：紙、鉛筆、尺、橡皮擦；我知道在一些經費不足的學校裡，這些東西都是奢侈品。

我在駕駛座抬頭看著眼前高高的校舍，發現好多扇窗戶都已破損。我拿好資料，穿過積雪的操場，朝著學校走去。

我看著接待區外本該是花團錦簇的地方，如今只有一堆雜草蔓生的舊輪胎花圃，上面還結滿冰霜。進到室內的接待區，馬上傳來校園生活的各種聲音，我看著身旁來考試的教師，大家聽到走廊傳來的尖叫聲都心驚膽跳，而關門聲大到足以讓我們從椅子上跳起來。

「不會讓大家等太久。」櫃台人員向我們保證，臉上露出懇求原諒的微笑。很快就有人帶我們前往不同的處室。我被帶到待會要試教的教室，我望進去，這空間看起來比較像陰暗骯髒的地下儲藏室，而不是寬敞明亮的教室。教室裡有大片窗戶，但很多塊玻璃都破損了，再加上灰塵滿布，光線都被擋住了。老舊的家具多有損壞，牆上的展示作品積滿灰塵，甚至結了蜘蛛網；課桌椅是直行排列，要在其中走動相當困難，但是上課鐘聲即將響起，我一個人來不及搬動桌椅。在我試教這班九年級的同時，也會有另一位老師在對面的教室試教，所以看試教的評審會遊走於兩班之間。我就這樣一個人等著上課鐘響。那時我並不緊張，興奮的在教室裡發放用品和講義。在上課鐘響的前幾秒，我大膽想像，如果我是正式老師，我的這間教室會是什麼模樣。我想知道不論是學生或老師，要如何找到一個讓人感到愉悅、可以每天待在其中的環境。

放下幻想，給自己一年挑戰

不久，我聽到鐘聲響起，走廊開始喧囂，尖叫聲不絕於耳，人聲鼎沸的感覺比較像是酒吧快打烊時醉漢在吵鬧，而非學生準備進教室上課。我望著天花板，祈禱他們不是走來我教室，但這輛子彈列車瞬間衝進我的教室。他們好像沒注意到我站在前面，嘰嘰喳喳的走進來，厚重的禦寒大衣仍穿在身上。他們大聲叫嚷，互嗆互罵，甚至還互丟雪球，我真是看傻了眼。

「同學們！」我用宏亮清晰的聲音說。

大家毫無反應。

我用盡丹田之力，以最有威嚴的口氣再試一次，「請大家坐下，好嗎？」

這次至少有幾個人注意到我了。

「你們有十秒鐘的時間脫大衣與就座，」我說，「不然我就開始記名字在黑板上。開始，十……九……」

我持續倒數，終於看到半數學生開始動作，謝天謝地！另一半沒多久也跟著照做。

學生入座後，我馬上看出教室座位的安排有多糟糕。首先，人太多了，學生都擠在一起，手肘會侵犯到隔壁同學的空間，這樣怎麼能好好學習呢？但當下我也無能為力，所以就開始上課。這堂課的任務是「畫隔壁同學的畫像」。

「但重點是，你們的鉛筆一次都不可以離開紙面。」我說。

只見他們面面相覷，所以我先做示範。學生們看著那些彎彎扭扭的抽象線條，各個躍躍欲試，唯一的問題是整間教室鬧哄哄的，我幾乎都在管秩序，實際上教學的時間很少。學生吵個不停，根本很難聽到我的說明，而且最糟的是，他們很愛頂嘴。

差不多在我第一百次叫他們安靜的時候，他們說，「老師，你很凶耶！」

「要是你們繼續在我說話時講話，我們就停止上課。」我說。

他們終於開始作畫，此時觀課教師剛好進來，只見學生埋頭認真進行，鉛筆筆尖在紙上沙沙做響。

觀課教師對我點點頭，輕聲說，「你還有五分鐘。」

我鬆了一口氣，因為管教這群不受控的青少年真是累死人了。我之前還期望那班GCSE視覺藝術課只是特殊案例，但眼前這班根本就是幼兒園。不過我得承認，一旦學生專心上課，他們的作品還真不錯。

「好，你們可以標一下作品名稱，然後放到素描本裡嗎？」我扯嗓門對著吵鬧的班級說。

學生茫然的回望著我。

「素描本？那是什麼？」有些人如此問。

我很訝異，因為即使是在上一所學校，學生都還有自己的素描本。隨著下課鐘聲響起，多數學生飛奔出去，紙張四處飄散，留下了一地紙屑。兩名古吉拉特裔的女孩留下來幫我收拾，然後把椅子靠好。

其中一位女孩問，「老師，你還會在這裡教嗎？」

我做了個深呼吸，不確定自己到底想不想，畢竟這裡的學生完全不受控。待會就要面試了，我已想好要說什麼：學生一塌糊塗，校舍殘破不堪，瘋子才會想來這裡上班，就算給我全世界的金銀財寶，我都不要在這裡工作。或許我爸是對的。

我對那兩個女孩子微笑道，「我得想一想。」

當天下午，校長打電話來通知我錄取了。我對這間學校不抱任何幻想，也知道在這裡上班很不容易，絕對充滿挑戰。但至少有一份工作。

我當下就答應接受這份工作，並且告訴自己，只待一年就好。

04

志業：成為拉學生一把的助力

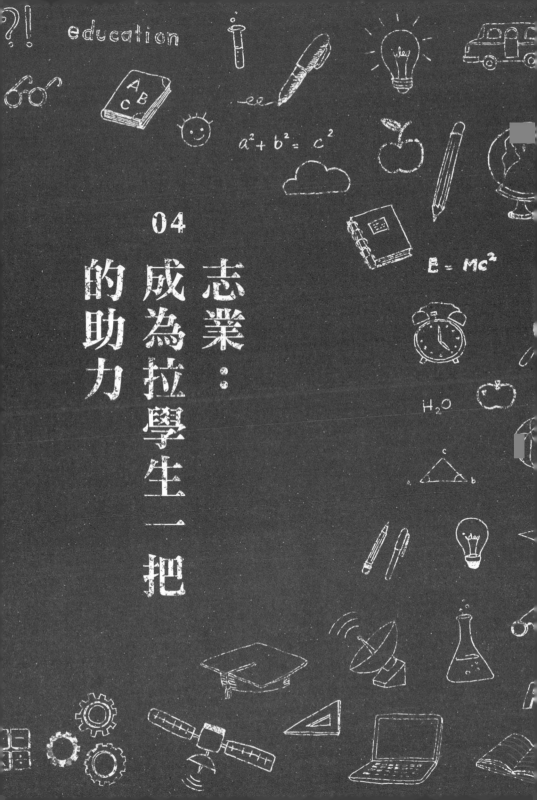

一般人聽到教師這職業，都會想到「有寒暑假」。但是當我女兒還小的時候，她們的學校也在放假，我常在期中假期或其他假日帶她們到我的教室。她們會坐在角落，套著尺寸過大的圍裙，兩手沾滿顏料，而教室裡的 GCSE 或 A-level 學生會利用此時去完成他們來不及做完的作品。對我來說，犧牲期中假期或寒暑假是家常便飯。

一般來說，學生期待老師犧牲假期來開放教室，如此他們就能使用這裡的空間、設備、材料等，當然，我也會在場提供協助與引導。很多孩子在 GCSE 或 A-level 不會選擇藝術這科目，原因也在於此，因為他們知道要投入相對多的時間。當然，有些小孩只是希望可以在放假時見到朋友，也有一些學生把握這機會，逃離不盡如人意的家庭生活。「教育支持夥伴」（Education Support Partnership）在二〇一八年所做的研究指出，教師預計假期中需要工作的天數，二〇一三年時是六天，但五年後的二〇一八年，則增加到八天；校長和資深教師更增加到十一天。二〇一六年市調和數據分析公司 YouGov 為泰晤士報教育副刊（Tes）所做的調查指出，幾乎有半數教師都預期在六週的暑假中，會花兩週以上的時間處理學校事務。有些學校會給老師加班費或補休，但那是極少數。對大多數教師來說，最重要的是讓學生通過考試。

我在放假期間開放教室時，總設法為學生（和自己）找點樂子。我們會聽音樂，由我提供小零嘴，大家一起聊天。整體氣氛比較輕鬆，學生可以穿便服，不用穿制服，他們也喜歡這樣。

來自兩位老師的榜樣

和布倫特一樣，三十年前我讀小學的康登鎮也是極度貧窮的社區。我父親在學校隔壁的教會擔任司鐸，當週日的禮拜儀式結束，人們從教堂魚貫而出時，感覺康登鎮所有的遊民都聚集在教堂門口。我小時候覺得這些人散發出來的味道很可怕，總是離他們遠遠的，但我父親會盡力用教會的資金去救助他們，哪怕只是一頓飯，或是可以過夜的一張床。

學校也是，我們老師明白小小的慷慨之舉能發揮多大的力量。畢竟，人們經常是在最艱困的時刻或處境中，才會發現最偉大的善舉。

大概在我七、八歲的時候，瑪塔老師有天早上進教室，手上提著一袋沉甸甸的珠寶飾品。她把袋子放在教室中央的桌子上，然後叫全班女生過來看。她打開袋子，倒出寶物，那些飾品在教室螢光燈管下閃閃發亮。我一直很迷她的戒指，如今全都在眼前，不只如此，還有手鍊、手鐲、項鍊、胸針。有金的、銀的、閃亮的銅、拋光的白鑞，以及鑲嵌在金屬裡的小小顆亮晶晶寶石，很多都是我在教室廣告顏料中看不到的顏色。

「我最近在整理房子，」瑪塔老師解釋，「找到好多現在用不到的東西。」

我常常透過瑪塔的穿著或她走過教室時絲巾飄來的香味，想像她家是何模樣。我會聯想到阿拉丁的洞窟，到處是古董和寶石，還有她到非洲旅遊帶回來的面具及手工藝品。我想像她家牆壁漆著飽和的大地色系，就像她為教室閱讀角挑選的抱枕顏色，而不是我奶奶家平淡的白牆。不對，瑪塔老師的家應該更具有異國風情，可能瀰漫著辛香料與麝香的氣味；而她喝的一定是薄荷茶或蘋果茶，絕對不是立頓茶包。

瑪塔老師指著那些珠寶飾品說，「拿去吧！盛裝打扮時用得上。」

我們屏住氣，直到確定她是認真的。她選擇送我們這些寶物，不是送朋友，甚至不是給她的小孩，而是我們這些學生。一開始我們都還有幾分猶豫，挑選著那些吸引自己目光的東西。每件飾品都有故事，我們聽得如痴如醉。最後我挑了一個寬版的銀戒，樣式是兩個金屬環纏在一起。

「我記得這是在非洲買的，」瑪塔老師說，「這是我最愛的其中一個。」

我只有在書裡讀過非洲。我把戒指握在掌心，回到位置上坐好；這對我所有的手指來說都太大了，不過我套在食指上，整天查看是不是還在。回到家之後，我把戒指拿給媽媽看。

「老師送你的？」她說，「怎麼這麼好！」

之後我找出細繩纏在銀戒上，讓戒指更服貼手指。雖然學生時代的記憶已日漸模糊，但此事一直鮮明的留在腦海。

在我九或十歲時，有一次去校外教學，路程不遠，就只是去一、兩英里外的肯迪什鎮（Kentish Town）參觀教堂。我們排成一列，在豔陽高照的大熱天裡行走；過馬路時，兩位老師一前一後保護我們。回程時，我們繞到當地的公有住宅區，直接到我們肯內老師的住家門口。肯內老師的年紀在學校算是非常資深，感覺她似乎已在學校教書千年之久。她個子小小的，臉上布滿皺紋，是愛爾蘭天主教徒，感覺相當溫柔，對於教過的學生裡誰和誰是親戚，她都記得一清二楚。那天她拿鑰匙打開自家大門，我們三十個小孩加兩個老師，就這樣一個接一個進去那狹仄的公寓。我們擠在客廳裡，身體緊貼著餐具櫃，牆上的宗教畫像看著我們。蕾絲桌墊上有一幅裱框的黑白照片，是肯內老師家人的照片。我們等候著，眼睛睜得大大的，低聲說話，而老師在廚房裡從冷凍庫拿出兩桶香草冰淇淋。她給我們一人一勺，裝在任何找得到的鍋碗瓢盆裡。我們盤腿坐在客廳地毯上，吃著各種容器盛裝的冰淇淋，人多擁擠到膝蓋都碰在一起。即使當時年紀小，我也知道肯內老師這舉動代表的意義，我在心裡告訴自己，若有必要，我會用叉子吃冰淇淋。大家都吃完之後，受過希臘奶奶嚴格訓練的我起身幫大家收碗，並詢問肯內老師，我可不可以幫忙洗碗。

「哦，不用，不用，不用。」她說，然後開始集合大家，以便準時回到學校。

現在學校裡有安全防護措施與相關規定，表示教師不能那麼做。但是我進入教育這一行，完全就是想成為像瑪塔老師、肯內老師那樣的人。這些老師或許會打破規定，但這樣做卻能帶給孩子前所未有的感受，覺得自己在老師眼中格外重要。

讓學生知道你是玩真的

克里斯．克拉克是十一年級的特殊生，同時也是傑出的籃球員。對克里斯來說，每待在教室裡多一分鐘，就代表在籃球場上少一分鐘。他在球場上思考敏捷而靈活，只要看到得分機會，絕對毫不遲疑去爭取。身高超過兩百公分的他，進入教室時得彎腰低頭才行，他的身體一路長成這樣，彷彿就是為了實現自己的夢想，而那個夢想絕對不是上我的課。在教室裡，克里斯有嚴重的認知障礙，其他學生只要花幾分鐘就寫好的句子，他要花上一小時，不過會把句子寫得很漂亮。克里斯在課堂上的表現很令人洩氣，因為他也很懶，在教室裡根本就是人在心不在的關機狀態。他完全沒有完成手邊作業的動力，這實在有點可惜，因為他還算有天分。克里斯十一年級將要考 GCSE 時，我有信心可以推他一把，讓他從等級 E 進步到 D，前提是他要花時間再完成兩件作品。我都不知道跟他說過幾次了，嬌小的我只能抬頭看著他，搖晃著手指叫他要加油，盡力拿到最好的成績。

「下週的復活節假期，我會開教室，」我告訴他，「我希望你可以過來，完成那兩件作品。」

「可是老師，我要打籃球。」

「不要找藉口。」我告訴他。事實上，我知道在假日時要他放棄球場主動來教室，機會十分渺茫。我得想個更好的法子，似乎只能威脅利誘。

「如果你不來，我會打電話給你媽媽，請她帶你過來，然後讓她坐在旁邊盯著你完成作品。」

克里斯的臉一沉，「你才不會咧，老師。」

我的教學經驗是，除非你認真，否則不要威脅小孩要打電話給家長。但是我對克里斯真的已無計可施了，如果我真的必須打電話給他媽媽，請她把兒子帶來學校，讓她坐在一旁協助兒子完成課業，因而在 GCSE 考試拿到好成績，那我絕對會這麼做。但此事好像還沒有先例，所以我決定先跟克里斯的特教個管老師聊聊。

「如果你覺得有用，就去做吧！」她說。

克里斯仍然不願意在假日時來學校，所以我別無選擇了。

我打電話給他媽媽。我們曾在家長會時見過一兩次。她是優雅的加勒比海地區人，所有心力都放在獨自撫養長大的兒子身上。母子二人相依為命，我遇過很多這樣的單親媽媽，她們一路走來困難重重。

「克拉克太太，我要請你幫個忙，」我說，「你兒子會因為這樣恨透我，大概也會恨你，但我需要你幫忙我這件事。」

「請儘管開口，」她說，「札非拉庫老師，只要是你認為能幫助我兒子的事，我都會照做。」

於是我說出了自己的計畫。

隔週，我學生在假日期間魚貫進入美術教室。我在門口等待著克里斯到來，但遲遲不見他的蹤影。幾分鐘之後，他的媽媽走了進來。

「克拉克太太，見到你真好，」我邊說邊張開雙臂歡迎她，「但是克里斯人呢？」

「哦，別擔心，他會來的。」她向我保證。

在場的學生低著頭、咬著下脣，幾個人彼此竊竊私語。我在教室裡走動時，他們也對我說，「老師，你這樣很過分。」

「我不在乎，我一定要讓克里斯有成績。」

「但是，老師，你要克里斯的媽媽來教室耶！」

沒人敢相信我竟會採取如此極端的手段，何況我根本不知道這樣做有沒有用。

半個小時後，門框下出現一張熟悉的面孔，克里斯低著頭進入教室。

「克里斯。」我說。

他的情緒全寫在臉上：怒氣沖沖，表情很是猙獰。

克里斯走到我桌前。

「老師，我真不敢相信你竟然這樣對我！」

「克里斯，」我說，「不管你現在有多恨我，也不管我害你多沒面子，反正你就是要把這些作業完成。你做完就可以離開，我也不會再煩你。你覺得如何？」

他一言不發的走到媽媽旁邊坐下，媽媽準備好要協助他。

我走過去，遞給她一把剪刀和幾張紙。

「克拉克太太，要是你能幫克里斯把這個剪下來放一邊，那就太好了。」

「沒問題，札非拉庫老師。」她說。

克里斯頭還是低低的。

整節課我都盯著克里斯，這高個兒男孩的長腿直抵到桌子底部。他坐在媽媽旁邊幾乎一整天，媽媽很有耐心且仔細的剪下各種形狀，讓他貼在作品上。媽媽完成任務後，就起身去幫忙別的小孩，然後捲起袖子問我是否需要幫忙。她幫我清理所有的水槽，把學生弄髒就丟著不管的調色盤洗乾淨，這真是幫了大忙，而她似乎也樂在其中。克里斯一直埋頭苦幹，想要早點完成作業，好擺脫我和他媽媽。

當天結束前，克里斯不告而別，但是在桌上留下了兩樣作品，這足以讓他拿到D的成績。

兩年後，我接到克拉克太太的電話，她和克里斯想回學校找我。他們抵達的時候，我正在上一班七年級的課，克里斯一如往常要低頭彎腰才能進教室。七年級的孩子們都看著眼前的巨人。

克拉克太太說，「札非拉庫老師，克里斯有個好消息要跟你分享。他拿到一間大學的獎學金，要去美國打籃球。」

「哦，天啊，克里斯，恭喜你！真是了不起。」我張開雙臂擁抱這個曾令我很頭痛的大男孩。

「我們要謝謝你為克里斯所做的一切。」克拉克太太說，而她對兒子的自豪之情完全寫在臉上。

我看著眼前的克里斯。

「克里斯，你原諒老師了嗎？」我問。

「差不多了，老師。」他露出微笑。

我轉身面對全班，迫不及待要分享他的好消息。

「同學們，」我說，「這位是克里斯，他以前是我學生，現在拿到獎學金，要去美國打籃球。」

全班轟動起來，讚嘆聲此起彼落，緊接著是椅子刮過地板的聲音，因為這群才剛入學的小男生抓起習作本，跑去跟克里斯要簽名。克里斯彎腰拿著筆，耐心的一個一個簽名。那一刻實在很動人。

我聽到其中一個孩子刻意裝酷，說，「嘿，老哥，也可以幫我簽嗎？」

我一直知道克里斯想當籃球選手，也知道他有天分能達成目標，但他也需要學習其他的技能：紀律、付出、堅持、努力。他之所以能進入美國大學，這些能力缺一不可。我們教給學生的，不只是自己的學科，還要讓他們具備面對人生其他領域的能力。

班級秩序需費心維護

教師的工作量與日俱增，就如同本章開頭所述，我常被叫去處理特別搗亂的學生，黎恩．阿米爾是其中之一。我升為九年級主任時已任教三年了。教師有可能會升職，肩負更多責任，而責任通常分成兩大類：課程（學科主席或副主席）或輔導諮詢（學年主任或副主任）。每個職位會增加教師的薪額級別，但是減少授課鐘點，職務工作量則是呈指數增長。

對我而言，想升的職位無疑是輔導諮詢，這職務處理老師的事務較少，面對學生的時間較多。不過即使如此，對於我將要碰到的問題，仍不免有措手不及之感。學年主任要負責該年級每位學生及其表現。此外，還得協調接洽所有校外教學活動，處理與家長和社工的諮商，必要時還得和警察、醫師及其他專業人士會談。擔任學年主任會接觸到許多學生的個資，在阿伯頓社區中學，這些資料都是保密的，連任課老師都不知道。因此，學年主任通常背負許多資訊。

黎恩有著淺棕色頭髮，身高中等，體型比其他學生稍微壯碩些。他看起來有點邋遢，但那就是他的風格；他從不把襯衫扎進褲子裡，過短的領帶總是歪一邊。黎恩和其他調皮搗蛋的孩子不一樣，他不是特教生。有些孩子特別擅長利用教師的弱點，而黎恩也是其中一員，他特別針對柯瓦斯基老師。我已經數不清有幾次，柯瓦斯基老師苦著一張臉來請我幫忙處理黎恩。黎恩「不只有」在柯瓦斯基老師的課堂上搗亂，但「一定會」在她的課堂上搗亂。不管柯瓦斯基老師要他做什麼，他一概拒絕；如果老師因此教訓他，他就指控老師針對他，並說自己被種族歧視。身為教師，我們從來不希望傷害學生，但總有些時候會希望能像卡通影片那樣，有一百噸的大鐵塊從天而降，適時打扁正在擾亂全班上課秩序的學生，而黎恩就是那個鬧事的傢伙。只要黎恩開始調皮搗蛋，例如站在教室中間大吵大鬧，或是在老師請他坐下好好上課時控訴老師霸凌自己，其他學生就知道這堂課不可能繼續上下去了。我自己也教過這類學生，確實很讓人洩氣，但柯瓦斯基老師已無計可施。是時候打電話給家長了，只是當我聯絡阿米爾先生時，他完全不能理解。

「阿米爾先生，府上有發生什麼應該讓學校知道的事嗎？」我問，「因為黎恩對老師的態度非常惡劣，感覺不太尋常。」

電話另一端先是一陣沉默。我和許多家長聯繫過，知道多數父母會先否認自己小孩有任何問題，而阿米爾先生更是堅信不疑。

他說，「札非拉庫老師，我完全無法相信你所說的這些事。」

我說，「我明白，那麼，你方便來學校看看孩子的表現嗎？」

「你希望我什麼時候過去？」

我們決定對此事保密。我看了黎恩的課表之後，安排阿米爾先生在黎恩上英文課時來訪。

隔週，阿米爾先生來到學校。我在接待區見到他時，感覺他不太確定自己為何而來。但他同意我們先過去看英文課，觀察黎恩的課堂表現。

「你先請。」我邊說邊打開通往英文課走廊的門，此時我們正好聽到某間教室傳出混亂騷動。我看到阿米爾先生臉上出現一抹明白的神情，但是並沒說什麼。也許他還想說服自己，走廊那端傳來的並不是兒子的吵鬧聲；等到走近了一些，最後的希望離他遠去。黎恩．阿米爾站在教室中央，身上穿著大衣，書包放在桌上，對可憐的老師咆哮。儘管這節課才開始不到十分鐘，老師看起來已筋疲力竭。

「老師你很沒禮貌，竟然敢那樣對我說話？」

說話的人正是黎恩。

我們慢慢經過窗戶旁，然後進入教室。阿米爾先生一言不發，只是靜靜站在那，透過玻璃看著發脾氣的兒子。那一刻，他看到我們每週看到的景象，而心力交瘁不僅清楚寫在老師臉上，也寫在每個學生臉上；就因為一個學生，這個班級變得亂七八糟；其他學生翻著練習簿的頁角，很快就不專心了，老師雙手叉腰，拚命想平息面前這場情緒風暴。此時，阿米爾先生仍然沒開口，只是盯著教室裡看，接著我見證奇蹟的時刻。黎恩轉向門口，看到他父親站在玻璃的另一側，牆上時鐘的秒針好像慢了下來，我看到他的臉一沉，頹然坐回椅子上並一聲不吭，從書包裡拿出課本放到桌上，瞬間重整自己進入勤奮好學模式。他就這樣坐著，震驚得一動也不動。

柯瓦斯基老師看著黎恩，神情也很震驚，完全想不透到底發生什麼事，為何這孩子心裡的巨大風暴瞬間就平息了？她和黎恩不同，並沒有看到我們站在門口。我抓住這個好時機打開門，除了黎恩以外的所有學生都轉過頭來，看著我和阿米爾先生。

「嗨，柯瓦斯基老師，」我用輕鬆愉快的語調說，「我們今天有貴賓來訪，阿米爾先生過來看看黎恩在你課堂上表現如何，他還好嗎？」

「這個嘛，呃……」

她轉頭看黎恩，只見他坐得好好的，眼睛直視前方，書本翻到正確的頁數。他身旁的同學都坐立難安，等著看接下來會怎樣，後排有些學生已經開始偷笑。

柯瓦斯基老師深吸一口氣，「嗯，阿米爾先生你好，該怎麼說呢？今天黎恩的表現似乎有好一點，我希望他每次上課時可以更專心一些。黎恩，你自己覺得呢？你會專心上課嗎？」

黎恩轉頭看著我們，然後很快對柯瓦斯基老師點點頭。教室後排一群孩子用套頭毛衣遮臉偷笑。

「謝謝柯瓦斯基老師，我們就不打擾你上課了。」

我關上門，帶阿米爾先生回到走廊上，他仍舊沒說話，但下巴肌肉僵硬，太陽穴青筋畢露，脈搏跳動清晰可見。

把黎恩．阿米爾的父親請來學校，絕對讓黎恩非常難堪，但這是萬不得已的做法。在二十八個人的班級裡，我們不能只因為單一學生，而讓其他二十七位學生的學習受到干擾。

柯瓦斯基老師放學後到我辦公室說，「你是我的英雄！」

「如果黎恩再有狀況，請讓我知道。」

但是黎恩此後就很守規矩。我們不需要再致電阿米爾先生。

家境貧困的單親孩子

有些孩子像黎恩一樣，只是因他們的行為而需要特別注意；有些孩子則盡其所能不讓你注意到，而這類孩子通常最需要協助。里若依．威廉斯沒有學校書包，都是用一個塑膠材質的運動束口後背包裝東西。他選擇放進去的東西不多：一枝鉛筆、一把尺、足球和球鞋。那個包包也可以當枕頭，他放學後留校察看時會枕著睡覺，而他留校次數可多著呢！幾乎每天放學後，就是他跟我兩人在教室裡。以前學校會處罰早上點名遲到的學生，放學留校四十分鐘，也就是說每週的大部分日子，里若依的在校時間都會延長到四點之後。

某天，里若依又以睡覺來度過留校察看的時間，我走到他身旁輕搖他的手臂，但他沒有動靜。

「里若依？」我說。

毫無反應。

我又搖得更大力，也更大聲叫他的名字。

他終於眨眨眼醒過來。

「老師，不好意思。」他說。

我靠在他的桌緣。

「里若依，你怎麼了？」我問，「我是說，有你做伴很好，不過，每天教室裡就我們兩個，我也有別的事要處理。」

「我知道，老師。」他說。

「你為什麼每天上學都遲到？」我問，「可以告訴我嗎？」

「哦，老師，」他說，「我只是睡晚了，鬧鐘沒響。」

「上週也是這樣……」我說。

「我知道，老師，但是我昨天晚上熬夜，今天完全沒聽到鬧鐘。」

他顯然在說謊，但我也無能為力。當然，我們之前曾多次打電話去他家，但始終無法聯絡上里若依的媽媽。若我提起要跟他媽媽談話，里若依馬上產生防備心，保證自己會更努力準時上學。而且他是個笑容迷人、討人喜歡的暖男，很容易讓人相信他，並且不自覺認定他會遵守承諾。

他確實會做到並持續一陣子，等到我們打消打電話去他家的念頭之後，就會故態復萌。多數學生在被質問為何遲到時，都會用劍拔弩張、輕蔑的口吻回答，「又不是我的錯。」但是里若依不一樣，他會直接承認錯誤，甚至有點直接過頭了。於是我去查看他的檔案。

註冊入學的助理告訴我，「他是從當地的小學升上來的，我們似乎沒有他的任何正式文件，但其他書面資料都有歸檔。」

當時里若依是七年級生，我在阿伯頓的第一年有部分教那個班。他姊姊莎曼珊是十一年級，跟他一樣是瘦竹竿身材。雖然里若依很瘦，卻是傑出的運動員，堪稱田徑場上的「閃電」波特、足球場上的梅西。他不離身的那顆破足球是他的寶貝，也是留校察看時裝在束口背包裡的枕頭。

就我所知，他們是單親家庭，雖然我從未與他媽見過面。每當我打電話到他家時，最後都只能跟莎曼珊說到話。我告訴莎曼珊，我很擔心她弟弟。

「好，週末見到媽媽時，我會跟她說。」她說。

我心裡滿是疑問對著話筒說，「但今天是星期一，」我說，「為什麼週末你才會見到媽媽？」

「哦，老師，她是護理師，上夜班。」

是啊，我們很多貧困學生的家長都上夜班，因為夜班薪水比較高。我知道里若依住在學校附近最破敗的社會住宅裡，從他的衣著也可以推斷家中經濟拮据。其他學生在新學期開始時，會穿著嶄新制服，看起來聰明伶俐；相比之下，里若依的衣服又破又舊，腳上的軟皮鞋磨損嚴重，會在他走路時開口笑，似乎也顯示了他的家境。而他用衛生紙交美術作業，更是說明了一切。

里若依聳肩說，「老師，我只有衛生紙和麥當勞紙袋這兩種選擇。」

我告訴他，「沒關係，這表示你應變力強、充滿創意。」

我極力不表現出此事帶給自己的衝擊，而且很詫異紙筆對某些孩子來說竟是奢侈。

有次下課時間，里若依匆忙跑進我的美術教室，急得快哭出來了。

「老師，我的褲子，」他說，「我踢足球的時候撐破了。」

他之所以那麼慌張，是因為這是他僅有的一條褲子。我很快用縫紉機幫他修補好。之後的下課時間，我的教室常有一列小男生排隊，請我幫忙補裂縫或處理脫線。

新學年一開始，里若依和班上同學一起來上我的課，許多人都有新行頭；但我注意到里若依還穿著暑假結束時的衣服，連鞋子都沒有換。雖然他在新學年仍是優秀的運動員，卻因為忘記帶體育服而被罰課後留校。

「你的體育服怎麼了，里若依？」我問。

「哦，老師，我又忘了。」他邊說邊微笑，還打了自己的腦袋一下，彷彿這樣能讓自己的頭腦靈光些。但由於各種原因被罰課後留校，里若依的在校時數一直比同學長。

「沒關係的，老師，我不在意。」每次我要跟他談的時候，他都會這麼說。

但最後我覺得不能再這樣下去。

我說，「里若依，你真的有體育服嗎？」

他低頭看著自己腳上的破鞋。

「如果你沒有，那就沒關係，但是你要告訴我。讓你一直因為自己無能為力的事情受罰，這樣是不公平的。」

他尷尬得漲紅了臉，我心中也有了答案。

我去找體育老師，詢問可否到他的失物招領區打劫一番。我們找到一件紅色T恤和一條黑色運動褲，確定是里若依能穿的尺寸。我把衣物帶回家洗乾淨，然後在衣服內側寫上里若依的名字。

我不想大做文章，以免讓里若依覺得尷尬，下一次見面時，我隨意遞給他一個塑膠袋，裡面裝了熨燙好的衣物。

「這是幾件備用衣物，在媽媽幫你買衣服前可以先穿。」我告訴他。

我迅速轉身離開，讓他不用覺得該回應些什麼。

兒少保護仍有進步空間

一學年很快過去，我的導師班學生長高又長胖，制服都不能穿了。他們升上九年級，新學年新氣象，但里若依仍穿著同樣的舊制服與舊鞋出現時，我的心情沉到谷底。不只舊，還很髒，而且里若依也邁入青少年階段，因為體內荷爾蒙作祟而有體臭。年復一年穿的短袖襯衫，領子都已經發黑了；套頭毛衣的袖口因磨損而脫線，長褲也縮到腳踝上方一英寸。但更糟的是，其他學生開始對他的外表與體臭說三道四。

幾個大男孩在走廊上經過里若依身邊時，會故意調侃他，「你沒聽過有個地方叫洗衣店嗎？」

「閉嘴啦，老兄。」里若依以虛張聲勢的方式不理會他們的奚落。

他的死黨還是不離不棄，彼此並肩坐在一起時，也從未提到里若依的體臭。我也注意到他們有時會塞午餐錢給里若依，或是在食堂裡讓他從他們的餐盤上偷拿吃的，感覺像是四處撿拾洋芋片的海鷗一般。

「你沒有帶自己的午餐嗎？」有時我注意到這情形，會詢問里若依。

「哦，老師，我早餐吃超飽。」他邊說邊拍著肚子。

我才不信。我發現自己愈來愈常買兩份早餐，在里若依來點名時塞一份到他手裡。

「廚師有剩菜，所以多給我一份。」我騙里若依，而他毫不懷疑的接受，我們心照不宣。（我傳授給新老師的最大心法是：跟學校廚師打好關係。如此，他們就會照顧你，或是更重要的，照顧你關照的學生。）

但里若依的制服仍是個問題。我知道如果他媽媽沒有任何作為，我就必須介入了。隔週我查了里若依的課表，得知週二他有體育課。等所有學生換上體育服後，我跑到更衣室去。

「怎麼了嗎？」體育老師問，他才剛把最後幾個學生趕出更衣室。

「你可以告訴我，里若依的制服在哪裡嗎？」我說。

他點點頭，完全知道我打算做什麼，於是直接指出里若依的制服掛在哪。

「我保證下課前拿回來。」

我衝到樓上的家政科，那裡有台洗衣機。我選定十五分鐘快洗行程，然後站在旁邊咬著指甲，希望趕快洗好。

家政科助理對我說，「你去忙你的吧，我會把衣服直接拿去烘乾。」

我在學生從操場回到更衣室的前幾秒及時趕上，把摺好的制服放回里若依的塑膠束口背包。

里若依那天放學一樣被罰留校，我從教室的另一邊，看著他不時舉起手臂到面前，聞著自己的套頭毛衣。

他說，「老師，我的衣服怎麼了？」

我抿著嘴，不想讓他難堪，「哦，我自己有衣服要洗，」我心想著出於善意的謊言應該沒關係吧，「而我有點擔心你，里若依。個人衛生很重要，特別是年輕男孩子，女生都在注意你呢。」

他臉紅了。

「希望你別介意。」我說。

「不會的，老師，完全不會。」

每兩週我就如法炮製，在里若依上體育課時洗他的衣服，然後在下課前放回去。但衣服因為清洗而磨損得更嚴重，於是我又去學校的失物招領櫃翻，為他找了一套新制服，然後像之前一樣帶回家洗乾淨，並在衣服內側寫上他的姓名，這樣他才知道衣服是他的。下一次我洗他的制服時，就把那袋新衣服放在鞋子底下。

那天下午，里若依出現在留校察看的教室時，看起來煥然一新。

我逗他說，「里若依，你看起來神采奕奕呢！」

「老師！」他笑著說。

「如果衣服不合身就告訴我，反正舊衣服也是要丟掉。」

「我不介意，老師，」他說，「我習慣用二手的東西。」

幸好像里若依這樣的學生並不多。這已是我教書第一年，也就是十三年前的往事了。這些年學校的做法也有變革，如果學生服裝不合規定，校方就會介入處理。有一次，好多學生都是穿運動鞋來上學，安奈特和我前往當地鞋店，買了好多雙各種不同尺寸的皮底學校鞋，然後放在學年辦公室裡。學生每天早上來學校時，可以換掉腳上破舊的運動鞋，穿上比較合適的學校鞋去上課，等放學再來換回去。這做法是還不錯，但後來我們發現自己得整天和三十雙臭兮兮的運動鞋共享辦公室。

學生究竟是家裡本來就窮，或者是父母未盡到照顧義務，定義的界線其實很模糊。我修學士後教育證書（post-graduate certificate in education，簡稱 PGCE）課程時，並不認為我們在兒童保護協定上的訓練是足夠的，但這卻是學校生活的絕大部分。時至今日，碰到像里若依這樣的案例，一定會馬上請社工協助。

過去十年來，通報兒少保護案件的第一線人員都是教師，但是這點並未反映在教師培訓課程裡。很多事情老師只能依靠直覺。

二〇一七年，英國防止兒童受虐協會（National Society for the Prevention of Cruelty to Children，簡稱 NSPCC）做了資訊自由要求，發現 PGCE 學生在為期一年的課程中，接受的兒少保護訓練平均不到八小時。一名教師告訴研究員，他們在約克大學（York University）修 PGCE 時，只上了一個下午的兒少保護訓練課程。然而，一旦教師進入工作場所，學童的安全重任通常落在他們身上。

二〇一八年，兒少服務管理者協會（Association of Directors of Children's Services）透

露，二〇一七至二〇一八年間，估計與兒少社福照護的初次聯繫案件有兩百四十萬起，在十年間增長了七八%。虐待與疏於照顧是擔心孩童的主要原因。這些轉介案件絕大多數是由憂心的教師提報，從二〇二〇年 COVID-19 封城期間的數據可以清楚知道，這期間兒少保護轉介案件在英格蘭某些地區驟降超過五〇%。學生居家學習，代表著教師無法直接確認他們的安危，也不知道他們的生活狀況如何。

至於里若依，他到了十一年級時，竟還穿著七年級來阿伯頓社區中學第一天所穿的那雙鞋子，真是難以置信。這麼多年來，我們幾乎無法聯繫到他母親。我記得安奈特問過一個問題，而里若依的反應很奇怪。她問里若依是否合法就學，但里若依只是低頭看著腳上那雙破舊的鞋子。

也許里若依的家庭是非法移民，而多年來他那麼努力，為的就是要保護他媽媽？於是就把所有缺失的罪過和責任，都扛在自己單薄的肩膀上嗎？他知道學校愈少介入自己的家庭愈好，他不能被列在布倫特市政府的名冊中，當然也不能申請免費午餐，於是只好挨餓。

直到里若依畢業離校，我們對他的家庭仍知之甚少。

出乎意料的蹺課原因

大家對「正常」的定義不同。對孩子而言，家庭提供了什麼，那就是正常。我們學校清寒的學生不在少數，保暖的大衣算是奢侈品，學校發的制服外套常是這些孩子唯一能禦寒的衣物。冬天的那幾個月，我在早上七點四十五分拉開學校大門時，會看到已有長長一列的學生等著要進校門。他們一進來就搶著待在暖氣旁，以此暖和凍僵的身體，直到上課鐘聲響起才離開。

鞋子也一樣，這筆花費並非許多家長的優先支出。父母可能會拿報紙塞一塞，讓小孩拿到過大的二手鞋合腳。在我們學校，休息時間孩子們踢足球，鞋子裡的報紙團常常踢一踢就飛出來了。

我去過學生家裡，親眼見過他們的窮困。在阿伯頓教書的前幾年，我住在學校附近，週六常在大街上遇到學生，他們看到我穿著「平民」服飾都很興奮。我不只一次被招呼穿過幾條小巷，去到學生的家裡。進到屋裡，我看到四、五個家庭共享一戶，還排了輪流使用廚房的班表，每家要在分配到的一、兩個小時內煮好一整天的食物，然後裝到密封盒堆疊好，放在廚房工作台上指定的區域。

有一次，我發現十年級 GCSE 的學生阿琪拉．德塞蹺我的美術課。我很訝異，因為她是安靜又認真的學生。我去查詢她的出缺席狀況，發現她連續幾週第三節都曠課。

「她大概是逃學了，老師。」一位學生說。

但這不太合理，她在其他科的表現都可圈可點，結果卻刻意蹺我的課，讓我覺得有點受傷。

我去找十年級的輔導諮詢助理，告訴他這個情況。他寫信通知阿琪拉所有的任課老師，請大家密切注意她的出席狀況。一週後我和他確認情況如何。

「你是對的，」他說，「阿琪拉每天早上來上學，然後第三、四節的時候不假外出，離開學校。」

「但是為什麼？」我問，這跟她平常的行為對不上。

「不管怎樣，我們會制止她。」他聳肩道。

隔週，阿琪拉有來上我的美術課。下課前，我問她能否留下來，假裝要給她額外的功課補進度。

「一切都還好嗎，阿琪拉？」我問，「你覺得我的課很難，還是很無聊嗎？你不喜歡上美術課？」

她一臉訝異。

「不是的，老師，不是那樣。我喜歡美術，也喜歡老師，真的很對不起。」

「所以到底是怎麼了？」我問，「你為什麼一直未經許可就離開學校？」

她說，「我必須在那時段回家，因為我們家的煮飯時間是十一點。」

我立刻明白這是怎麼回事。她家和很多家庭一樣，與別戶排時段輪流使用廚房。由於爸媽都在工作，阿琪拉得在那時間回家煮飯，否則全家人都沒飯吃。

「那現在怎麼辦？」我問。

「我爸媽和學校談過了，」她說，「他們已經想辦法重新排廚房的輪班表，讓我可以上課。」

這真是難以置信，但根據個人經驗，我知道責任常會落在女兒身上。其實背負重責大任的不只有女兒，不論是男學生或女學生，常常得在三點二十分放學就衝出去，趕到附近的小學去接弟弟妹妹，或者是回家照顧長輩（甚至是酗酒、嗑藥的爸媽），幫忙餵藥、洗澡、清理、穿衣。那些學生無法在放學後騎腳踏車到處晃，也不能參加足球社團。有些人甚至要去打工，在街角雜貨店上架貨品，以此減輕家庭經濟壓力。對這些孩子來說，童年只是奢求。

教師的工作不只是教學

過去十四年來，我見證了工作上的變革。試圖闡釋英國教育標準局課綱，讓很多教師覺得怎麼做都不夠好，不管他們工作得多認真，還是永遠趕不上。教學評量漫無止境，所以工時不斷增加。我可以保證，要不是每天傍晚六點半我們學校會把老師趕出去，許多老師一定會在學校改作業、備課、處理資料到晚上十點。事情做不完，就只好帶回家。我先生約翰每晚都看我在工作，或是回信給其他教師、科主席，忙到深夜。有時他都上床準備就寢了，我還在一旁寫信給同事。我記得有一次他翻過身來問，「你為什麼還在工作？」

這是我的日常，並沒有什麼不對勁，表示我對工作很投入。

「我在寫信給學校行政。」我說。

「但你這樣做只是在告訴大家，什麼時候聯絡你都可以，」他說，「現在是你自己的家庭時間，關上筆電來睡覺了。」

約翰說的話沒錯，其實我也有這樣提醒其他老師。即使我告訴新進教師要小心過勞，但也很清楚自己常需要被先生提醒。一份二〇一七年由「教育支持夥伴」委託YouGov所做的調查指出，四七%教師因為工作與生活難以平衡，他們的私領域人際關係受到負面影響。這確實是教師面臨的問題，老師要扛下照顧別人小孩的責任，這很自然；但有時壓力太大、工時太長，老師就照顧不了自己的小孩，尤其七六%的教職員是女性。其實工作與生活之間的平衡，取決於領導階層的態度，這在各行各業都是一樣。

老師不遺餘力的付出，照顧並保護學生，工作量是如此繁重，但在政府向學校要求的諸多數據中，這點卻從未被呈現出來。在學習領域上，教育官員只看結果，若我們的工作單純只環繞在教學上，結果絕對會好很多，但那並不是教師實際面臨的情況。因為沒考量到老師每天工作的所有層面，導致我們的工作量年復一年增加，工時也超出基本的教學範圍。也難怪二〇一九年YouGov的一項調查指出，英國有四分之三的教師表示，工作和生活的平衡比他們想像中糟糕。當這些教師被問到「不推薦年輕人加入教職的原因」時，九三%的受訪者說「工作量太大」，八四%則說「工時太長」。

那麼，為什麼我們要當老師？因為對很多教師來說，教職並不是一份工作，而是一種生活方式，一項深植在我們DNA裡的志業。我們當老師，是因為必須如此，除此之外不做他想。我很難用言語表達那些美好時刻：看到過去幾週無法理解某個概念的孩子，突然眼裡閃過一道光；或是幾個月來一直武裝自己的學生，態度突然軟化了。那時，所有辛苦都值得了。知道自己能貢獻心力，啟發孩子，推他們一把，助他們向上，那種感覺無可取代。對我們來說，那就是一切。

05

問題學生：溝通是解決問題的不二法門

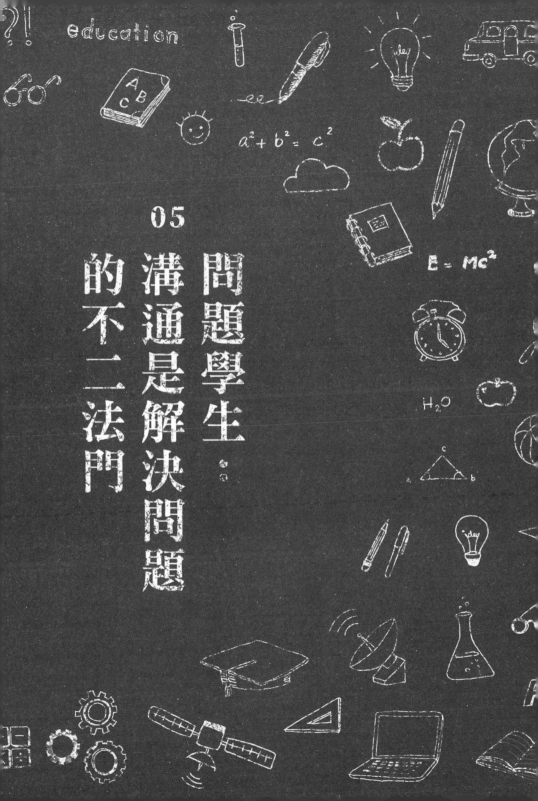

翻轉人生的一堂美術課

亞力士．哈波這男孩在教室裡永遠坐不住。每位老師在新學年拿到學生名單時，都會先搜尋他的名字。

你可能會聽到，「哦，不會吧！亞力士．哈波在我的班。」

另一位剛擺脫亞力士的老師會答腔，「祝你好運啊！」

亞力士是特殊生，有嚴重的讀寫障礙，到了十二歲仍無法讀寫。他是英國白人，在我們學校是沒什麼優勢的少數，而家庭生活聽起來一團亂。他住在社會住宅區的一棟小房子，家裡養了各種寵物：九隻老鼠、兩隻陸龜、三隻沙鼠，還有比上面數量加起來還多的貓。但真正難控制的是亞力士的挑釁行為，他不覺得對老師罵髒話或拿椅子丟過去有什麼大不了。同學們一直忍受他不時爆發的情緒；他沒有朋友，不過其他學生都會跟他打招呼，而他很少回應。當亞力士在班上發脾氣大小聲時，同學會皺起眉頭但繼續做功課；反觀他從來不寫作業。亞力士在所有科目的表現都是如此，他的情緒對各科一視同仁。我們打了無數次電話給他母親，一開始她會掛我們電話，後來則是直接不接。

亞力士八年級時輪到我教他。最大的挑戰就是將他留在教室裡，但有時還不如乾脆讓他離開，因為他對其他學生簡直是人身威脅。

某天我教立體派，讓全班一起看畢卡索的畫作。學生看完都躍躍欲試，想創作自己的立體派風格人像。我上課經常會暫停，讓孩子有機會觀摩彼此的作品並提出評論，建議同學下一步可以怎麼做，或是指出作品中少了什麼；這種做法能判斷學生對技法了解多少，進而培養他們鑑賞的眼光。下課前，我一如往常把所有畫作收過來，此時其中一張滑了出來，看起來簡直就是出自畢卡索之手。我翻到背面，發現沒寫名字，於是嘆口氣並揮著那張畫。

「我們來看這幅作品，」我對全班說，「你們覺得這位同學畫得如何？」

大家看了都倒抽一口氣，一陣陣「哇」的讚嘆聲傳過來。我決定起個頭。

「我喜歡顏料混合的方式，濃稠度恰到好處。還有人要給予回饋嗎？」

一隻手舉起來，「老師，我喜歡背景。」

另一位說，「我喜歡他的設計，很特別。」

還有一位說，「我覺得很棒。」

「哇，很好，」我說，「這幅畫真的很棒，但到底是誰畫的呢？」

我看到後排一隻手臂舉得高高的，學生們都四處看。我定睛一看，訝異的發現是亞力士。學生看到我驚訝的表情，紛紛很快轉過頭去看。

「亞力士？」我說，「是你的嗎？」

他點點頭。

全班報以熱烈的掌聲。亞力士愣了幾秒才發現掌聲是獻給自己的，他的臉上露出大大微笑。

我感動到有點哽咽，然後清了清喉嚨，說，「亞力士，畫得真好。你記得大家給你的評語嗎？」

「記得，老師。」他點頭，臉上依然掛著微笑。

「但是，下次要記得在背面寫名字。」

從那天開始，亞力士有些許改變。他會提早到，變成第一個進教室的學生，還幫我發素描簿，而且比以前專心、冷靜。連前一堂課的數學老師都說他的作業有進步。這似乎是亞力士有生以來，第一次覺得自己和其他同學一樣好。他得到了貨真價實的讚美，因為當時沒人知道那幅畫是他的作品。同學真心的稱讚改變了亞力士在校的表現。

不過幾個月後，昔日的亞力士又悄悄回來了。他在中午過後進入班級，整個人躁動不安、無法專心。

「嘿，亞力士，」我在座位這頭呼喊督促他，「專心點完成你的作品。」

他站起來，氣到臉部表情扭曲，我很久沒見到他這樣了。

「閉嘴，你這死肥婆！」他對我咆哮。

然後亞力士大步走到我桌前，拳頭握得緊緊的。

「這作業都是屁。我恨你，我恨你！」

亞力士氣呼呼的衝出教室，全班頓時安靜下來，每雙眼睛都望著我。我看著在座的學生，不確定剛才到底怎麼了，但知道得說句話來打破沉默。

「沒關係的，」我說，「我沒事。我們都知道他有時候會這樣，你們繼續做作業。」

我很快發了訊息給學年主任，讓他知道發生了什麼事。他立即趕來我的教室。

「怎麼回事？亞力士喜歡你的課呀！」

「我知道。」我聳聳肩。

保全人員最終逮到了亞力士。原來，他在上我課之前的幾節課不太順利，只是他一直忍耐，到了我的課才爆發。孩子有時和大人一樣像個壓力鍋，到了臨界點就會爆炸。

他因為行為不當而接受懲戒，但當他被允許回歸課堂時，某天午休就過來找我。

「老師，真的很抱歉，我對你說了那麼過分的話。」他邊說邊用套頭毛衣擦拭眼淚。

我向他伸出手說，「亞力士，你不用覺得抱歉，我們都有心情不好的時候……但是，我真的很肥嗎？」

我們兩人都笑了出來。

亞力士因為在美術課得到讚美，從此改變了他的校園生活。說來難以置信，他生命中必須處理那麼多事情，但只需要一瞬間的認可，就給了他扭轉人生的好理由。我在學校裡一次又一次學到，每個人偶爾都需要某人真心的相信。

跨越語言障礙的教學

處理像亞力士這樣的學生，是老師教學的日常。一個孩子如果有行為問題，他看待人生的方式通常和我們截然不同，也難怪彼此會有誤解和溝通問題，但至少雙方說的還是同一種語言。至於不會說英語的學生，我個人認為他們的挫折感必定更深；我有那麼多事想要跟他們溝通，也想透過許多方式幫助他們融入課程。

我們學校學生的流動性很高，也就是說，七年級入學和十一年級畢業離校的學生其實不一致。他們很可能中途才加入，幾週後就離開，而這可能代表教育不扎實，學生錯過了許多學習，成績自然會低落，也為在校表現帶來負面影響。但有很多「以英語為附加語言」(English as an Additional Language，簡稱 EAL)的學生，帶著各自的故事與創傷來到學校；他們往往無法表達這些經歷，遠超過旁人對他們的期待。

嘉蘭蒂．沙哈就是其中之一。她到我班上時既膽小又害羞，一句英語都不會說。嘉蘭蒂是從印度沿海的小島第烏(Diu)移民而來，我們有幾個孩子也都從那裡來，第烏在一九六一年之前是葡萄牙殖民地，因此移民到歐洲相對容易。這些孩子在來到阿伯頓之前，很多都沒受過正規教育，一直跟著爸媽在家中或田裡工作，知識都是在街頭巷尾跟同儕玩耍時學來的。他們對母語的掌握很原始，使用大量俚語，而且會四處取笑其他小孩及動手打人，但他們散發出一種自信。他們相當精明世故，就跟狄更斯筆下的小扒手道奇（Artful Dodger）一樣機靈。嘉蘭蒂和班上另一個會說古吉拉特語的女生很要好，因此我們所有對話都透過這女生翻譯。她第一次踏進我教室時，我用幾句自學的古吉拉特語表達歡迎，然後發習作紙給她。

「畫你會畫的，」我說，「幾分鐘後我再過來看你。」

我等她的好友翻譯。

「可以嗎？」我問。

嘉蘭蒂點點頭。

我在班上巡視，不時確認她的狀況，但每次對話都需要翻譯，很難讓她真正感到自在。下課前我為全班出功課：畫一位能激勵你的人。

「畫任何人都可以，名人、你認識的人……」

在一片嘈雜聲中，我已聽到男生們考慮要畫哪位足球員。每次我出這類功課，都會收到一堆碧昂絲、足球員或板球選手。

嘉蘭蒂的好友走過來。

「老師，可以拿幾張紙，還有借一些用品給嘉蘭蒂嗎？」

「當然。」我說，然後從抽屜裡拿出食物塑膠袋，把從素描簿撕下的紙與幾枝粉蠟筆裝進去。

我再次問嘉蘭蒂，「你有聽懂嗎？畫任何一位你喜歡的人，比方說琵豔卡・喬普拉（Priyanka Chopra）？」

女孩們聽我提到她們喜歡的女演員，都笑了起來。

隔天早上八點半，我抵達教室，看到嘉蘭蒂獨自在外等候，站在門口的她看起來很嬌小，畢竟她身高才一百二十公分，比同儕都瘦小。

「哈囉，嘉蘭蒂，」我說，「你好嗎？」

但她只是茫然的看著我。

她瘦骨嶙峋的手從包包裡抽出一張紙遞給我。我打開紙，映入眼簾的是一個小孩凝視遠方，畫得超級棒。我驚呼連連，那空洞的眼神捕捉得恰到好處，臉龐的輪廓陰影與色調十分出色。我抬頭看著嘉蘭蒂。

「這是你的嗎？」我問，「你畫的嗎？」

她聽不懂。

此時走廊開始出現人潮，學生到校準備上課。我瞄到一個會說古吉拉特語的小孩。

「桑桀！過來一下，」我喊了他，想趕快得到自己想知道的訊息，「我需要你幫忙翻譯，問嘉蘭蒂這是不是她畫的。」

我看著他問嘉蘭蒂，然後轉向我。

「她說是她畫的。老師，我可以走了嗎？」

「等等。」我伸手擋著他，以免被人潮沖散。

我再次低頭看著那雙小手和纖細手指，然後發現五顏六色的粉蠟筆殘渣卡在她的指甲裡。

「哦，我的天，」我緊抓住桑桀說，「真的是她畫的。」

「老師，我可以走了嗎？」桑桀有點不耐煩的又問了一次，顯然對我的興奮完全不感興趣。

「跟她說……跟她說這是我這輩子看過最棒的畫！」

他瞪了我一秒，好像覺得我發瘋了，然後轉頭很快對嘉蘭蒂說幾句話（我感覺他說得輕描淡寫），便跑回去找朋友了。

「來這裡。」我招手要嘉蘭蒂進美術教室。她跟著我進來並環顧四周，感覺有點困惑。我開始幫她準備資料夾，在裡面放了一本素描簿、更多粉蠟筆、一盒粉餅水彩，幾枝水彩筆，還從雜誌撕了一大堆圖片下來，全都放進資料夾裡，然後塞到她手中。

「盡量畫，」我說著，加上手勢，「畫什麼都可以，懂嗎？」

她微笑，之後就離開教室，而我也準備上第一堂課。

「老師，你還好嗎？」一名女學生看到我站在那裡咧嘴笑而發問。

「超棒的！」我回答。

我把嘉蘭蒂的作品釘在牆上，並且整個上午都因這幅畫而分神：她的用色、長而自信的粉蠟筆筆觸、混色、清晰度、兒童驚恐的眼神。如果嘉蘭蒂八年級就可以畫成這樣，不難想像她考 GCSE 那一年會有怎樣的表現。

下課時間，我直接去 EAL 科辦。

「我一定要給你們看嘉蘭蒂的畫。」我說，同時把作品展示在牆上給大家看。

大家都目瞪口呆。

「這小女生非常有才華。」我說。

ＥＡＬ的主任告訴我，「你知道她以前從來沒上過學吧。」

我搖搖頭說，「這讓她更特別了。」

週復一週，月復一月，嘉蘭蒂成了美術教室的常客。她英語進步得很快，講話時帶著可愛的古吉拉特混倫敦腔。她各科表現都很優異，但其特殊的美術天賦廣為全校所知，因此成了美術科的代言人。當時ＧＣＳＥ的評分從字母等級改成數字，嘉蘭蒂美術科得到九分，而全國只有四％學生可以拿到這分數。事實上，她每一科都拿到八或九的高分。

我告訴嘉蘭蒂，「你 A-level 考試一定要選美術科，不然我要毀掉你的報名表。」

她笑著說，「好的，老師。一定。」

成績優異的ＥＡＬ學生並不少，事實上，根據二〇一八年教育部公布的資料指出，母語不是英語的學生，到十六歲時成績比同儕好。這些孩子來到英國時根本不會英語，最後表現竟能超越母語學童，這實在很厲害。因為這樣，我很喜歡教ＥＡＬ學生，他們入學時似乎處於劣勢，很多人此前完全沒受過正規教育，但他們的表現甚至可以超出自己的期望。一旦他們覺得在學校有受到支持，就能夠全速前進。

在阿伯頓找到自己熱情所向

我在二〇〇五年第一次開車進入阿伯頓社區中學的大門。當時的學校與現在不同，還是一棟破舊的維多利亞式建築，窗戶玻璃破損、油漆剝落、室內布滿灰塵。校長瑪姬・拉斐（Maggie Rafee）接手這間被視為「需要改善」的學校；那時這學校就如我父親所言，是整個行政區裡最差的學校。但校長想招募一批充滿活力與熱情的新老師，讓學校重獲新生。

「我們必須打造一所卓越的學校。」她的口吻像是在許下承諾，而非只是空談。

瑪姬給我們這批新老師絕對的自主權，能夠規劃裝飾我們的教室。我花了兩個假日進出垃圾場，進行除舊布新的工作。教室完工後，我的野心延續到走廊上：先是把學生的作品釘在外面牆上，之後又將範圍擴展到整個校區。四位美術科老師有兩位是新老師，也就是我和同事阿曼多；而美術科主任對我們重新安排教室與儲藏櫃的事，從未提出任何意見。當時她已經快退休了，感覺樂見美術科接受兩位新合格教師（NQT）的改造，而沒被多年的陰暗骯髒環境壓垮。但我們在教職員辦公室裡聽到閒言閒語，有些同事忿忿不平，覺得我們是新校長的「心腹」，尤其我們總是自願加班多做事。對於新人來說，辦公室政治是很難跨越的棘手領域，不論是座位或停車位，可能都有長幼尊卑排序，這些檯面下的規則都需要學習。瑪姬向來直言不諱，她開宗明義表示，如果有人不喜歡她的新做法，可以另謀高就。我很敬佩她的魄力和膽識，在教書第一年能遇到她這樣的前輩，實在是不可多得。

一年後，我通過了NQT考核，然後想到自己對父親的承諾：獲得一年教學經驗後，就要跳到比較好的學校。然而，眼看還有好多要做的事情，我不可能就這樣離開阿伯頓。前兩年我推行了課後藝術社團；等到課後社團登記人數會瞬間額滿時，我又規劃了午餐時段班，之後再成立週六班。我幫之前名不見經傳的學生報名美術比賽，安排校外教學去參觀博物館、藝廊甚至主題樂園。我不想離開我的導生班，也就是和我同時進入這所學校的七年級學生。

瑪姬也不希望自己招募進來的新老師離開。她在各科開創新職務，提供教職員留下來的誘因。我擔任美術科的助理教師學習引導員，負責全校學生的藝術課程。

教職生涯初期，我認為自己的興趣是偏向課程。但隨著我更加了解學生，並找到能讓他們校園生活更輕鬆的激勵方式後，我發現自己對輔導諮商的興趣更大。之前我的導師提醒過我，女性求職時常覺得要完全符合資格才去申請，而男性只要符合六〇%就會投履歷。因此，我在學年主任開缺時就去爭取，並且升任九年級的學年主任，和我的導生班年級相同，但此時我不只負責他們的身心狀況與學習表現，還包括其他兩百二十五名學生。

我在學年過了一半時發現自己懷孕了，之後請了五個月的假照顧小寶寶。我的女兒蘇菲亞能吃能睡，很好照顧，但我總覺得生活中少了什麼。

當我在準備香蕉泥、消毒奶瓶、邊看《花園寶寶》的咿咕嗶咕邊輕搖蘇菲亞時，總覺得腦子正在融化。我想念為學生出難題，也想念需要我講解色彩學的課堂；我想念美術用品儲藏櫃的氣味，想念食指和大拇指夾著粉蠟筆的感覺，想念需要管秩序的吵鬧教室，甚至想念從地上撿起未署名的作業；我想念學校，想念每天上班的挑戰，想念不可預期的一切與起起伏伏的日子。

我有一個孩子，但我想要另外二十四個。我迫不及待要回去上班。

復職那天，一位同事悄悄跟我說，如果太思念寶寶，可以去她辦公室哭。不過蘇菲亞過得很好，她的希臘保母每天用木莎卡[3]和起司派填飽她的小肚子，保母做的菜幾乎跟我奶奶做的一樣好吃。我重回學生和同事身邊，好多紛爭要調停，得拉開在操場扭打的學生，還要面對種種學校日常挑戰，但從很多層面來說，我其實是回到家了。

透過創作找到情緒的出口

法蒂瑪·卡爾博是另一個英語非母語的學生。事實上，她剛來我們學校時連一句話都不會說。文靜、膽怯的法蒂瑪是敘利亞難民，上課多數時間都低著頭，而跟死黨聊天也是低聲交談。我們學校的政策是要為法蒂瑪提供一切資源，她既是EAL學生又是難民，所以有輔導老師、翻譯、心理治療師，而我對其背景知之甚少，只知道她歷經風霜才來到英國。我的工作是協助法蒂瑪找回童年，跟教班上其他孩子一樣教她美術。

她到校的第一天，我們正在用鉛筆素描靜物。我給法蒂瑪一些紙和各式鉛筆，並確定她理解這個課堂活動。我在教室裡巡視時，到處是紙張和筆尖摩擦的沙沙聲。我駐足教學生怎麼畫陰影，或是讓物品輪廓更清晰。突然，教室另一端傳來一陣更大的聲音，我循聲而去，走到了法蒂瑪的位置，就站在她旁邊。法蒂瑪抬起頭，我報以微笑，於是她繼續畫。她的紙上滿是大塊憤怒的鉛筆痕跡，力度幾乎要穿透紙背。我看著她神情專注、眉頭深鎖的畫畫，注意到她咬牙切齒，筆握得緊緊的。這幅畫和眼前的靜物一點都不像，但我看出法蒂瑪心裡有話想說，也許這堂課是她某些情緒的唯一出口。下課之後，我把所有作品收過來，然後將法蒂瑪的畫翻過來，那些劃痕感覺彷彿盲人點字一般，但願我能讀出她的心聲。

接下來幾週我給了法蒂瑪不同的媒材，但一直讓她隨心所欲去畫。當時我不確定法蒂瑪畫作背後的故事，但知道這堂課對她來說比較像是心理治療。我給她炭筆，發現她提筆畫在紙張上的線條又長又粗。隔週，當其他學生在畫畫時，我給她鐵絲，請她任意創作。她似乎開心的沉浸在那安靜世界裡，做出巨大複雜的雕塑品並不停修改，使其臻於完美，好像在對自己（而非外界）述說她所經歷的一切。

3 編注：木莎卡（musakka）是希臘著名的美食，即茄子肉醬千層派。

幾個月過去了，法蒂瑪對學校的信任與日俱增。EAL輔導團隊告訴我，這課程讓她獲益良多。法蒂瑪是沒有英語基礎「零起點學習者」，而我的美術課對她來說一定是種解脫，因為不用語言就能表達自己。

漸漸的，透過美術課及對英語愈來愈熟悉，法蒂瑪開始對我敞開心房，分享她抵達英國前的遭遇。一路上她並沒有成人陪同，父親雖然為孩子安排來英國的安全路線，但父母卻無法一起同行。「我是和哥哥姊姊一起來的，」她告訴我，「我們不知道目的地，只有我爸知道，他半夜把我們搖醒，說，『你們一定得離開。』」

法蒂瑪和兄姊沒時間收拾行李，就這樣在黑夜裡匆匆離家，和一群陌生人擠在卡車上。她只知道在英國一位姑姑的住址。一抵達英國，孩子們就被社會服務部門帶走，而她剛來我們學校時就住在那裡。法蒂瑪的生活顯然充滿變數。在敘利亞，她親眼目睹戰爭，炸彈從天而降、步槍掃射的聲音都是生活日常。然後，所熟悉的一切可怕事物都在突然間離去，她被送往陌生國度，也不知道何時能再見到父母。法蒂瑪是優秀聰明的女孩，她英語愈進步，學業表現就愈出色。但我知道，藝術是讓她適應新生活的關鍵；創作帶給她坦率發聲的自信。

那年的陣亡將士紀念日[4]，我負責規劃給七、八、九年級的集會活動。我想規劃比較犀利的活動，幫助學生理解歷史事件並產生共鳴。我和資訊科技小組談過，先提供他們空襲警報和機關槍的錄音檔，確認好要播放的時間點，並希望到時能大聲播放。

集會那天，我讀了一段關於兩次世界大戰的詩，請在場六百位學童閉上眼睛，想像戰火下人民的感受。擴音器開始傳出我所預期的巨大音量，迴盪在整個校園裡。在擠滿學生的教室裡，我抬頭看到法蒂瑪竟神情驚恐的盤腿坐在地上，她眼睛睜大、充滿恐懼，雙手放在腿上抖個不停。我意識到自己想協助其他幾百位學生感同身受的聲音，讓她回想起過去動盪不安的生活。我感到很愧疚，無奈集會活動仍得繼續。等活動一結束我馬上去找她。

「法蒂瑪，我真的、真的很抱歉。」

4 譯注：陣亡將士紀念日是英國用來紀念兩次世界大戰死難者的日子，通常是十一月十一日或最接近十一月十一日的星期日。

「沒關係，老師。這些聲音我很熟悉。」

「我實在是有欠考慮。」我說。

身為教師，永遠不可能面面俱到。我常常提醒自己，我的所知所見所聞和學生們未必相同。法蒂瑪發人深省的故事提醒我們，有些孩子必須面對多麼艱難的生活。像法蒂瑪這樣的孩子，雖然面臨了種種逆境，卻還能有亮眼的表現，實在相當了不起。我無法想像那段流亡路程對她來說有多困難，但感謝上蒼，她熬過來了。後來法蒂瑪的父母也來到英國，她這輩子有生以來，終於可以過上平安的日子。

06

優等生：念藝術有出路嗎？

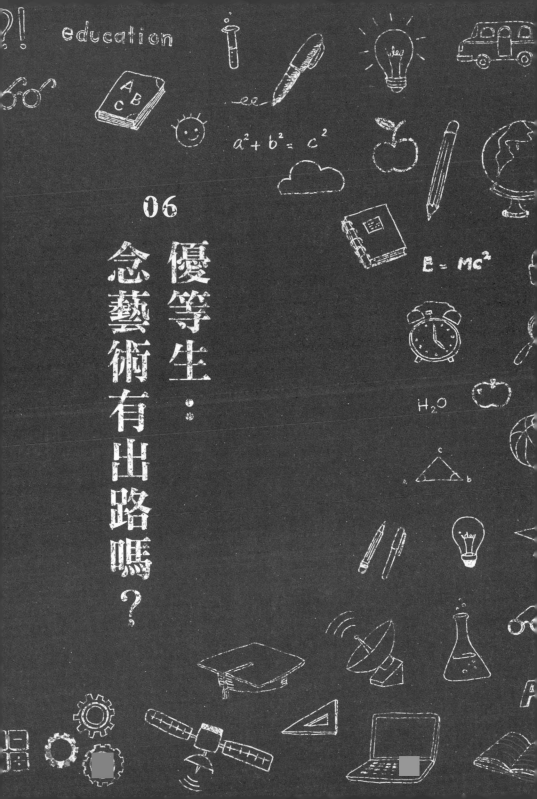

琵諾·卡普是各科都拿A+的學生。她來自重視教育勝過一切的印度家庭。不過琵諾並不擅長社交。印象中我沒看過她身邊有朋友圍繞，但她很守規矩、有禮貌、安靜害羞，而且在學習上孜孜矻矻。琵諾的父母不需要為她擔心。

不過出於某些原因，在所有學生都離開我的教室後，她還逗留著。

家庭期望與個人志向的取捨

「老師，這我可以幫你。」當我拿著一大堆調色盤準備去水槽清洗時，她會這麼說，並從我手上拿走一疊調色盤。

我告訴她，「你不用這樣做，琵諾。」

但是她堅持幫忙。等她洗好時，都已經快下午四點了，但她仍舊沒有拿起書包離開，而是繼續幫我收拾辦公桌、打掃美術教室、清洗顏料濺得到處都是的水槽。她是少數知道我美術用品櫃鑰匙藏在哪裡的學生，這足以說明我對她的信任，而且只有等我把所有的燈關掉準備回家時，她才會離開。

琵諾在下課和午休時，也都會待在我的教室後面，趕著額外的作業，畫精緻的線畫。她的每一幅插圖都富含潛力。

「你很有天分。」我告訴她。

「謝謝老師。」她說。

我知道她會上大學。她想選哪一科都行，但我私心希望她 A-level 考試會選美術科。琵諾總是提早來上學，而且通常會在我的教室裡準備課業，她一邊畫畫，我們一邊聊天。在教琵諾的五年之間，我慢慢得知她人生的點滴。從穿著來看，我認為她來自非常貧窮的家庭，因為她顯然是穿恩典牌衣物，而且是傳了好幾手的那種，說不定衣服以前的主人也待過這間教室。

「你有兄弟姊妹嗎？」有一天我問她。那時我在教室這頭工作，而她在另一頭。

她點點頭，「我有兩個姊姊、一個哥哥。」

「你在家常畫畫嗎？」我問。

「要找到地方畫畫不容易，」她說，「有時晚上我得坐在樓梯上。」

我點頭。對孩子而言，他們生活的方式就是他們的日常，最好不要過度反應，或是讓他們覺得自己的家庭生活有什麼不對勁，但我很好奇她的出身。聽起來她的生活過得很艱辛，不過我得等她自己開口說。有次我給學生出了一個題目：畫出自己的臥室。

琵諾並不像平常一樣馬上拿起鉛筆作畫，於是我走過去跟她說話。

「老師，我很難畫我的臥室。我們都睡在同一個房間。」她說。

「你和哥哥姊姊睡同一個房間嗎？」我問。

「不是，」她說，「還有我爸媽。我們家就只有一個房間。」

我看到其他幾個小孩抬起了頭，於是稍微移動以擋住他們的視線。

「如果是那樣也沒關係，我只是要看你能不能畫三D圖，」我說，「不然你畫你夢想中的臥室好了。」

琵諾放心的笑了，「好的，老師。」她說。

在我們學校，許多學生的居住條件就跟琵諾家一樣。有些家庭和其他三、四甚至五個家庭合租一棟三房的住宅，將客廳與餐廳改為臥房，讓每個家庭有棲身之處。整間房屋的公共區域就是廚房、浴室和玄關，全都要共用。有時這幾個家庭是親戚關係，有時則是全然的陌生人。我還知道有些小孩是跟爸媽一起擠在儲藏室裡，對他們來說，幾乎不可能擁有一個安靜的讀書空間。我突然間了解到，為什麼琵諾每天都很早到校，很晚才離開。

在布倫特行政區，估計有三三%的清寒家庭。與低收入人數相比，其私營租賃住宅市場數量在倫敦名列前茅，而房客被趕走也是常有的事。事實上，二〇一九年慈善組織「倫敦信託」（Trust for London）的調查報告指出，布倫特行政區被趕出住宅的人數是倫敦第二高。面對這種居住條件，也難怪父母會期望孩子在校表現佳，以此開創好一點的未來。

根據我的經驗，許多家庭重視教育勝過一切，父母常會減省食物開銷，為孩子聘請私人家教。琵諾的家庭期望她在校努力，認為這是她脫貧的唯一機會。我注意到琵諾動作比其他學生更快，也知道個中原因。她修讀十二科以上的GCSE，因為在家沒地方讀書，所以她讓自己更有效率，盡量在學校完成功課。

在GCSE的最後一年，琵諾放學之後會和我一起待在教室，並且準備完成一份織品作業。

「之後你會修 A-level 美術嗎？」我問她。

她抬起頭，一時間不知該如何回答，視線又落回針線活上。

「老師，」她說，「我爸媽甚至不知道我在準備美術與織品的 GCSE。他們不知道我選了這些科目；如果被他們發現，我麻煩就大了。」

我看著她好一會兒，努力不表現出任何反應。

「但是你一直以來做的那些……」我開口。我不知道琵諾是怎麼做到的，她的作品非常出色。

「老師，我一直都是偷偷做的。晚上等他們睡著後，我就去玄關，用手機的手電筒來照明。」她把手機拿起來，好像要示範給我看。

我聽過這類故事，孩子因為沒有別的地方，所以坐在浴缸裡寫功課。但我突然悲從中來，像琵諾這樣才華洋溢的女孩子，竟然要瞞著父母進行自己的興趣。對琵諾這樣的孩子來說，這種情況很常見，每天他們都得走在實現自己志向和完成父母夢想的鋼索上。最終，她會去完成父母的期望，而不是自己的，因為等到她開始賺錢後，會被期待要回饋原生家庭。這些小孩被期待有優異表現：他們應該要成功；要成為醫師、律師、藥劑師；要賺大錢；要有房有車；要青出於藍。對很多家長來說，孩子選擇藝術科目的效益不大。水彩、素描、演奏樂器，這些都是奢侈品。所有文化都有豐富的藝術底蘊，只要看印度織品工廠生產的漂亮紗麗就可以知道。但對很多家長來說，這些華服背後的真相就是血汗工廠，那裡的員工收入微薄，工作環境糟糕透頂。如果琵諾說她要進入時尚設計產業，父母心中浮現的畫面就是如此。我也許能理解這種移民心理，因為以前我爸媽也是這麼想。

為自己爭取人生選擇權

從有記憶開始，我就熱愛美術。以前我媽到幼兒園接我時總會問，「你能不能哪一次回家時衣服是乾淨的呀？」我的衣服沾滿了廣告顏料、蠟筆、金粉、白膠。我在家裡有一大疊紙可以畫畫，週末我們到康登鎮上的超市購物時，我媽忙著補貨，而我會待在文具區，從架上挑選各色毛根及亮光貼紙。

以前媽媽會從辦公室拿《廣播時報》（*Radio Times*）週刊回家，我會花幾小時仿畫裡面的圖片和照片：庭園灌木叢、球根植物與涼亭的廣告，變成我臨摹花朵素描的樣板；名人為電視節目代言的版面，則是我自學畫人像的教材。媽媽在我十歲時訂了《Hello!》雜誌，每週我都會直接翻到最後面，模仿最新的時尚風格，自己練習素描模特兒的姿勢，還有衣服布料從他們身上垂墜的樣子。不過這些雜誌還有更多寶藏，例如名人色彩繽紛、燦爛奪目的假期寫真。我會拿媽媽的廚房剪刀，從雜誌封面上選一汪深邃海洋或一片蔚藍天空。所有紙片我都留著，收進媽媽從辦公室帶回來的塑膠資料夾裡，集結成一冊點子大全。

生日時我不只盼望收到禮物，禮物包裝紙也是我的心頭好，我會把包裝紙剪成正方形，收起來等以後用。我多年間觀察奶奶東拼西湊的做法：人造奶油空罐洗淨後，當做食物儲存罐；蜂蜜瓶泡在肥皂水裡清洗並乾燥後，拿來裝混合香料。我從她身上學到節儉，所以絕不會丟掉任何將來美術作業可能派上用場的東西。美術用品本來只占一個抽屜，但我慢慢霸占了廚房，幾年下來移到更大的碗櫥裡；接著我從學校垃圾場千辛萬苦搬回一個大型桃花心木櫃。

我十一歲的時候，媽媽帶了一本書回家，是凱菲・法瑟特（Kaffe Fassett）的《燦爛靈感》（*Glorious Inspiration*）。在這本A3大小的書裡，有著大自然琳琅滿目的色彩與圖案，以及在當代設計的應用。有鳥類圖畫，羽毛的紋路細膩呈現；有在海灘上經潮汐洗禮的貝殼，呈現曾經在浪淘中翻滾的印記；有其他動物與爬蟲類，鱗片與毛皮，每幅畫旁都有藝術家的解說和詮釋。我不管走到哪裡都帶著這本書，每份作業我都會參考書中內容。我父母理解並滋養我對藝術的愛，他們放手讓我去做，因為這是很不錯的嗜好，但也僅止於此。等到我要選 GCSE 科目時，他們從不建議我選美術科。我將黃色的科目勾選單帶回家，父母必須協助我填寫這份文件。除了必修科目英文、數學、自然外，還有選修科目，要從三個裡面選擇並打勾。美術的旁邊是歷史，當我的筆在上方游移不決時，父親把勾選單拿走並仔細研究起來。

「你姊姊選的是歷史，」他說，「如果你也選歷史，不會的時候就可以請她幫你。」

「但是我想選美術。」我說。

「美術不是學科，」媽媽搖頭說，「美術是興趣，興趣不能當飯吃。」

我當時還不懂，但直覺知道爸媽為什麼會這樣說。我們沒有朋友是成功、有錢的藝術家；教會沒有人是建築師或畫家；我有經營紡織工廠的叔伯長輩，但他們不是高級的時裝設計公司，只是成衣製造廠。我父母見到那些叔叔伯伯每天工作十八小時，好把衣服送去 TopShop[5]，他們忙到無暇與家人相處。這算是好工作嗎？我爺爺是製陶師，他整天跟泥巴黏土為伍，那算是好工作嗎？或者我奶奶的織布與她留在賽普勒斯的養蠶場，那是好工作嗎？我不用問。我的家族一直希望下一代能更好，不要像老一輩那樣辛苦苦才能維持生計，有句話不是那樣說的嗎？不見前例，沒有動力。此時這句話是再貼切不過了。

「不行，你要選歷史和地理。」爸爸說著，大手一揮把兩個框框都打了大勾。事情就此定案。

媽媽跟我保證，「你可以用課餘時間學美術。」

但是我已心碎。

隔天到學校，我把表格遞給導師。回家路上，我堂妹安德莉娜問我有沒有選美術。

「我爸媽不准。」我嚴肅的說。

「我的天啊，你一定是在說笑吧！你美術那麼強，那根本就是你的領域。」

我知道木已成舟，但安德莉娜的義憤填膺讓我焦躁起來，因為她說出我無法說出口的委屈。

六個月後我升上了十年級。我在歷史課堂上盯著牆壁看，完全提不起興趣。我不喜歡歷史老師，也預期可能會跟她起衝突。我對歷史沒有感情，不像我同學那樣；我沒興趣去記年代，也記不起來。兩週之後，堂妹打電話給我。

「我跟德拉古老師一起搭地鐵回家，」她說，「她不相信你竟然沒選美術。她說你的實力讓人望塵莫及。」

我根本沒聽過那個成語。

「什麼意思？」我問。

我聽到安德莉娜轉頭對姑姑大叫，因為姑姑搶過話筒。

「意思是你比別人都厲害，安卓亞，」我姑姑解釋，「你遠勝過大家。」

那為什麼我的美術老師們沒有努力爭取，讓我留在他們的班上呢？要是他們能幫忙說服我爸媽就好了。

5 編注：英國大眾平價名牌。

我掛斷電話後，心裡浮現一個計畫。隔天我去跟學年主任談，聲淚俱下的解釋自己得聽從父母自作主張的安排，並因此非常不快樂。我去找德拉古老師，她說只要我爸媽同意，她就會讓我從歷史科轉到她班上。一切就緒後，我去跟爸媽談。我走到樓梯最下層時，他們正在廚房餐桌吃晚餐，我還沒說一個字，心臟就跳得飛快。我已在臥室裡足足待了一個小時，不斷對著鏡子演練，為自己的發言做好心理準備。但當下情緒占了上風，我想要讀美術的渴望就這麼從嘴裡說出來，我劈里啪啦一直說，絲毫沒有中斷。

「……所以我只是想讓你們知道，從下週一開始我會轉去上美術。」我說，講完這一氣呵成的長篇大論後，我有點喘不過氣。

爸媽一直坐著聽我滔滔不絕，拿著餐具的手懸在半空中，叉子上的食物也都冷掉了，他們從頭到尾沒說半句話。等我說完後，他們繼續吃飯，我也當他們是接受我的決定了。

整個週末我都在補缺課兩週的進度；到週一之前，我已蓄勢待發要重回心心念念的水彩蠟筆世界了。

藝術也能當飯吃

我不知道琵諾瞞了她父母兩年 GCSE 科目的事。但她知道等到要上 A-level 課程時，紙就包不住火了。她認命接受跟社區孩子走上相同命運的事實：讀化學、生物、數學和物理。一切如我所料，而她也表現優異，每科都拿優等，絕對可以就讀倫敦頂尖的大學。我以為自己再也不會見到琵諾，但是到了隔年二月，她在大一時寄了封電子郵件給我。

「老師，我可以去找你嗎？」她寫道。

一週後，琵諾坐在我的美術教室裡。她環顧這熟悉的地方，然後肩膀一垮，開始嚎啕大哭。

「琵諾，怎麼回事？」我邊說邊握住她的手。

「過去這兩年來，我過得超級悲慘，」她說，「我聽父母的話，去讀他們要我讀的醫學系，但上了大學之後才發現，那是完全不同的世界。」她停頓，然後繼續說，「我遇到一個男生，他是個藝術家，而他讀的課程是我原本可能選的。他讓我想起自己有多愛這一切。」她用手指著教室，「我爸媽發現我們的關係，非常生氣。我離開家跟他在一起，爸媽跟我斷絕關係，現在我什麼都沒有了。但是我想跟他在一起，我想要讀美術。老師你可以幫我整理作品集嗎？」

醫學系那邊的課程她已輟學，目前在溫布利商業街的一間店鋪工作。

「每天晚上我都在畫素描和水彩，」她說，「不知道你可不可以幫我看看作品集？告訴我夠不夠格申請藝術大學。」

我本想告訴琵諾，她的GCSE作品就已經夠好了，但還是順她的意翻著素描簿，幫她挑選哪些作品要放棄，哪些要加強。我建議她可以研究幾位藝術家，與自己的作品連結，這樣就可以展現批判思考與理解。我告訴她，我們也可以練習模擬面試。

「沒問題的。」我在她準備離開時這麼說。

她抽著鼻子整理自己的作品。我能理解她這陣子真的很辛苦，跟父母分開也十分痛苦。如果他們允許琵諾讀美術，如果琵諾更努力爭取，或者說如果「我」更積極為她爭取，不知道事情是否會有所不同。我暗自許下承諾，未來會為每位想讀美術的小孩努力爭取，我會讓孩子們更容易向父母展示美術的價值。

後來琵諾終於申請到大學，如願讀了美術。從那時開始，我在抽屜裡放了一張影印過數百次的紙，紙上列出所有 GCSE 和 A-level 美術課程未來可能的出路，每份工作旁都標注了該行業的起薪，包括建築師、創意總監、攝影師、平面設計師、陶藝師、插畫家等。對很多家庭來說，尤其是少數民族或藍領階級的家庭，藝術這產業還是隔了座山，感覺是由白人中產階級所主導，而這印象源自於那些年輕人都有家裡支持，而且生活無虞。我父母就是這麼想的。

在我教過的學生中，不是只有琵諾遇到這種狀況。七年級入學的學生裡，都有幾位才華洋溢的藝術家，但家長不准這些輕易就能拿到等級 A 證書的小孩選美術。如果我察覺到有這種情況，就會直接在七年級家長會上為他們打預防針。「我一定要說，你女兒在藝術方面相當有天分，她 GCSE 無疑應該選美術。」我會這麼跟家長說。

你會在家長臉上看到自豪的表情，而不是歧見。哪位家長聽到自己的孩子有天分時會不開心呢？他們可能會說，「那是得自她阿姨的真傳。她阿姨在縫紉方面可是非常厲害呢！」「她祖父閒暇時就愛畫畫。」看到家長們把這稱讚連結到家族與基因，增加了情感上的認同，實在很可愛。甚至可能聽到家長這麼說，「我在她這年紀啊，一整天都在畫畫呢！沒走美術這條路，實在是這輩子最糟的決定。」因為如此，多數家長會希望透過兒女來完成自己未竟的心願，希望孩子能擁有他們未曾有過的機會。

許多家長都不知道，建築師的年薪至少八萬英鎊。但如果他們不認識任何建築師，又如何會知道呢？每年學生要選擇 GCSE 科目時，我都明白告訴他們，如果對於選美術有任何疑慮，請來找我談。每個年級都會有三、四個孩子不敢跟父母說自己想當藝術家，而我準備那張未來出路與薪資清單，就是為了這些孩子。我會持續對學生曉以大義，要他們回家跟爸媽講，必要時我也可以打電話給家長談。有時候我贏了，也有時候我輸了。

琵諾信念堅定的勇往直前，追尋自己的夢想。但是有很多孩子不夠勇敢，他們不敢反抗父母。

創意科目需要被正視

吉塔犯的錯就是沒選擇修 GCSE 織品科目。那是我們第一年舉辦，班級人數眾多，課桌椅都排到走廊了。我有看到吉塔在窗外，非常想加入我們班，但實在沒空間再容納學生了。幾週後我開始請產假，而我不在的時候，同事不知怎的把她塞進我的班。

「我知道你一定不高興我這麼做。」他說。

但只要看一眼吉塔的作品，我就知道他做對了。吉塔實在是才華洋溢，也是全科拿A的古吉拉特女孩，顯然大好前程在等著她。她和琵諾一樣能挑選要在 A-level 學習的科目；但和琵諾不同的是，我知道她不怕選美術。當然，她也在 GCSE 的織品科目中都拿到 A^{+} 的成績。

不過到了新學年開始時，吉塔並沒有來讀十二年級。我找到她讀九年級的弟弟，問他姊姊怎麼了。

「老師，她結婚了。」薩利姆臉上掛著燦爛的微笑說道。那是父母為她安排的婚事。薩利姆興奮談論豪華的婚宴，繽紛的色彩、布置、食物，並描述當吉塔的手被才見過幾面的夫婿接過去時，看起來十分美麗。

「老師，她很幸福。」他自豪的說。

「真好，」我告訴嘴角掛著笑的薩利姆。當然，如此有天分的十六歲女孩竟要中斷教育嫁為人婦，讓我頗為痛心。但吉塔似乎願意走上父母為她安排的人生。

「獻上我最真摯的祝福，」我告訴她弟弟，「我們都很想她。」

在學校裡，我們總無法在特定學生身上著墨太多。一個學期忙過一個學期，不知不覺整個學年就結束了。直到兩年後，我才再次向薩利姆問起他姊姊，而這次他的臉上沒有笑容。

「老師，他們婚姻不幸福。」他說。

「吉塔要離婚了。」他低聲說。

我把他拉到一旁問，「發生什麼事了？」

但我看得出薩利姆不太自在，不願多解釋，於是不再追問。但隔天我就收到吉塔寄來的電子郵件，內容令人痛心且不忍卒讀。她婚後依照傳統搬去跟先生的家庭同住，但是夫家待她不好。她在商店工作賺的錢都被拿走，在夫家的生活就是永無止境的煮飯和打掃，而丈夫不但不支持她，還暴力相向。她在信中說自己宛如奴隸，更糟的是，她等於是付錢任憑他們虐待自己。後來父母把她接回家，並不以她為恥，還幫忙處理離婚事宜。吉塔重獲自由後，意味著世界再次向她敞開。信末她說自己想去上一間藝術基金會的課程，這樣以後才能到大學讀時裝設計。

「老師，你可以幫我嗎？」她拜託。

就像幫助琵諾一樣，我跟吉塔討論她的作品集，我不在乎她們是否還在學，就是無法不盡力幫忙。吉塔獲得附近一間學院的面試，因此可以繼續和父母同住並完成學業。後來她繼續深造，到大學讀美術學位，現在成為童書繪者。不久前她才來看我，給我看她全部的插畫作品，不過最精采的還是她自己的故事。

像吉塔和琵諾這樣的女孩，之前並不明白讀美術的好處和重要，你會覺得驚訝嗎？如果政府傳遞給大眾的訊息是「創意科目不值得投資」，她們又要如何說服父母，說明選讀這些科目能有成功非凡的出路？如果這些科目在學校裡的重要性有所提升，家長和學生自然會感覺到。社會整體不重視藝術，這是需要被正視的問題，否則才氣縱橫的年輕藝術家就會被埋沒。吉塔和琵諾將在她們的領域發光發熱並成為典範。不見前例，沒有動力；一旦有她們這樣的前例，就能鼓勵後輩有追尋夢想的動力。

07

超現實政策：無聲不代表沒問題

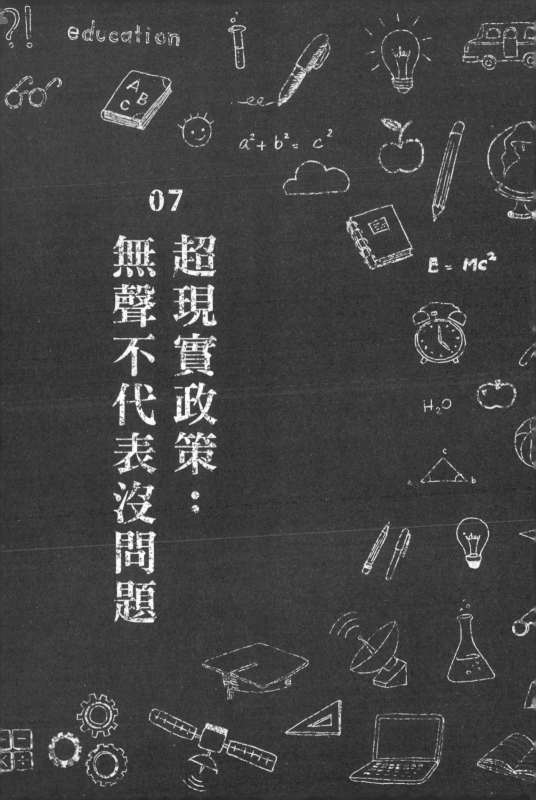

要是政府想了解並改善現今學童的生活，部長諸君必須直接和第一線教師對談。我們盡忠職守，實際工作超乎本分：不只要在教室授課，還要注意學生有無飲食失調、吸毒成癮，以及處理家長疏於照顧學童與虐待事件。我們要通報社福單位協助兒少保護、清寒或警方介入的負面影響。由於某位學生有氣喘，我們要寫信通報地區醫療單位，但市政會又無法提供濕氣不重的房子。政府與其問我們課程需要哪些變革，更應該問二十一世紀的學童過著怎樣的生活，了解其心理健康問題、自殘行為、三餐不繼、目睹家暴的恐懼。這些是政府要求學校呈交的數據見不到的資訊，卻是教師每天面對的實際工作。我們想要順利教學，必須先處理這些問題。

潔瑪是個胡作非為的小孩，但她的故事彰顯了師生間溝通的重要。我在寫這一章時，新的教育部長蓋文．威廉森（Gavin Williamson）上任，他推動的一個重大政策是「走廊保持肅靜」。新部長認為紀律是優質教育的關鍵，但我的經驗恰恰相反。對我來說，任何能開啟師生甚至學生之間的對話，都是有益的。小孩願意透露給老師知道的事很有限，為了能更了解他們的生活，偷聽孩子們下課時在走廊的對話，可以讓我們蒐集到不少資訊。

在離我們學校只有五分鐘路程的另一所學校，已經實施新部長的保持肅靜政策，學生在安靜無聲的走廊上來去。但此法能確實改善學生的行為嗎？抑或只是在患處貼上ＯＫ繃，然後對真正的問題置之不理？事實上，校園裡的行為問題不全是學生的責任，追根究柢是缺乏資源所致。學校需要處理的事情太多：老師工作環境年久失修，校方無力修繕屋頂，沒有足夠經費添置設備。而最要緊的是，教師缺乏特教訓練，無力處理學習障礙或有行為問題的孩子。解決方法絕非關閉師生之間的對話。根據我的經驗，我們需要的是理解與「互相」尊重，應該把經費挹注於輔導諮商，而非分散有限的資源。我們透過諮商輔導為孩子播下種子，讓他們反省自己的行為，思考該如何與世界互動，而非拒他們於千里之外。

早餐俱樂部，開啟師生交流

我們學校採用的許多方案，都是在開啟溝通管道。我們有很多學生沒有早餐可吃。當老師沒多久，我就習慣看到學生在午餐時間打開空空如也的便當盒。我見到孩子們圍繞那些有午餐錢的幸運兒，四處打游擊，吃一根別人的薯條也好。飢餓導致疲累，疲累就免不了壞脾氣。在午餐前，這些孩子完全無法專心上課，體育課時有一兩個人昏倒也是司空見慣。當我們學校開辦免費早餐俱樂部後，學生改善的不是只有行為而已，連出席率都提高了，因為肚子餓的孩子們會準時來上學。有人可能會認為我們擔下了家長應負的責任，但在我看來，學校就是個社區團體，而這樣做可以帶來巨大的改變。不過在開辦早餐俱樂部時，我沒有料到孩子會因此開始跟我們對話，他們敞開心房分享自己家裡的光景，還有他們為何需要學校這庇護所和我們提供的食物。而這些對學生的了解，只花了一名學生每天一英鎊的學校預算；而且，不再挨餓不只改善了學生的行為，也提升他們的學習能力。上午七點四十五分之前，就有上百個孩子排隊等著進學校。

我也是在早餐俱樂部更了解潔瑪．貝克的。

潔瑪很狂野且不受控制。某種程度來說，那也是我欣賞她的地方。這孩子在踏入我們學校大門前，就已經克服許多逆境了。潔瑪在十一歲時成為我的學生，是漂亮的混血兒，頂著可愛的爆炸頭。她在學校早已惡名昭彰，好多老師都曾打電話去她家投訴。潔瑪往往人未到聲先到，嘴巴總是講個不停，而且很常對老師罵髒話，被趕出教室時還會用力甩門。她好與人爭，但在知道她的背景之後，就不難理解這些行為。潔瑪是受社福機構照看的小孩，所以住在寄養家庭裡。這些年她就像剝洋蔥一樣，一點一點向我吐露自己的生活。她的親生爸媽都是毒蟲，在她襁褓時就放棄撫養。她從未被收養，而是換了一個又一個的寄養家庭，感覺孤零零且一無所有。

「寄養家庭的媽媽只是為了錢才照顧我。」她說。

也許事實並非如此，但是誰知道呢？畢竟她的感受就是這樣。

潔瑪學會隱藏自己的情緒，擺出堅強冷酷的姿態來面對人生，不然怎麼有辦法過活？其他學生都很怕潔瑪，而她也有充分理由表現出天不怕地不怕的樣子，但我喜歡她的堅強。

此外還有一點，她總是會為弱勢發聲。有次在我的課堂中，一個講話有濃厚古吉拉特口音的印度女生，請旁邊的男同學把尺遞給她，而男同學開始取笑她的腔調，潔瑪馬上制止，「你幹麼找她麻煩？」她厲聲說，「也不自己照照鏡子。」

那男生馬上打退堂鼓。

雖然潔瑪嘴巴很壞，但她心裡還是有把道德的尺，而會濟弱扶傾。

此外，潔瑪有個與眾不同的地方也讓我很欣賞，那就是她會承認自己的錯誤。

「你為什麼咒罵某某老師，潔瑪？」

「老師，那是因為我被他氣死了。」

「為什麼你被他氣死了？」

「因為他訓我一頓。」

「為什麼他要訓你一頓？」

「他訓我一頓是因為……因為……」

我等著事實浮上檯面。

「哦，老師……是我的錯啦！」

誠實是潔瑪的罩門之一，而她也有自己的特教需求：有嚴重的讀寫障礙，幾乎無法讀寫，而這大概也是她在教室坐不住的原因，常常很容易分心。但我們之所以相處如此融洽，是因為她的藝術表現十分傑出、極具天分。潔瑪熱愛時尚設計，能畫出相當細膩精緻的服裝。在我的課堂上，她不是其他課堂上隨時會爆發的火山，而是安安靜靜、規規矩矩的好學生。

也許我有些得意，自認是少數能平息她風暴的老師。我承認當同事稱讚我可以制得住潔瑪時，我也是滿自豪的。也許，潔瑪有些地方讓我想起當年還是小女孩的自己。

在堅強女性典範下成長

我成長的過程中，身邊有許多堅強的女性典範。希臘文化裡最重要的人就是聖母瑪利亞，我對這位女性及其堅毅總有滿滿敬意。我奶奶是家族的大家長，我沒見過比她更堅強的人。她示範怎麼煮 trahana 湯時，總會說她姊姊芙蘿拉的故事給我們聽。芙蘿拉和一個對她很壞的人渣結縭五十年，他從來不叫她名字，只喊她「女人」。

「女人，給我咖啡……女人，拿書過來。」

我奶奶咂嘴發出不悅的聲音，白眼都翻上天了，雙手插著圍裙內側。我爺爺也沒好到哪裡去，我小時候很少看到他。他常到世界各處遊歷，把整個家丟給奶奶，所有撫養小孩、煮飯、打掃的責任都落在她肩上。以前在賽普勒斯，我奶奶的蕾絲編織是出了名的精巧，她自己養蠶取絲，紡成絲線再編織。戰爭爆發後，她被軍隊徵召去做降落傘。

我常讚嘆她怎能把手工藝轉變成強韌到可以支撐人命的東西。

奶奶教我們女孩子 nikokiria，也就是持家的藝術。女性會做料理、洗碗，包辦所有家事，而男性就只坐在小型的手提黑白電視機前。

「那他們呢？」我問奶奶。

「他們沒有那個腦子，所以做不來我們在做的事。」奶奶會這麼說，打消我發出的不平之鳴。

當時我很滿意奶奶的回答，她也知道我會接受。我兒時深信女性是較優秀的性別，認為如果奶奶從編織蕾絲到製作降落傘都做得來，同時還要養家活口，我們女生真的無所不能。

由於奶奶早已灌輸自己女兒這個 nikokiria，所以我媽堅強得跟鐵打的一樣。我爸在教會工作的薪資相當微薄，因此我媽不但要持家，還要養家。她小時候讓我奶奶操煩到滿頭白髮，十足是個野孩子，每天出門上學就把裙子捲得半天高，拐個彎就開始整臉濃妝豔抹。我爸從希臘南部小村莊被派到我爺爺奶奶領聖餐的教堂，他在發聖餐餅和裝滿葡萄酒的聖餐杯給我媽的那一刻，就愛上了她。沒人料到我媽媽會定下來（更不用說我爺爺奶奶了），而且對象竟然還是社區教會的輔祭。但這鄉下男孩大概從沒遇過像我媽這樣的女生，她爭強好勝，隨時要跟人吵架似的。我媽拒絕在家相夫教子，而她在BBC擔任節目管理師的薪水，讓我們家經濟無虞。

我從她身上學到挑戰權威及捍衛自己，不被表兄弟姊妹擊垮，小時候我曾好幾次把他們打到流鼻血。我跟我媽小時候一樣大膽，不願長成乖乖牌的希臘女孩。我家人從以前就知道我很難對付，我爸常告訴我，在我還小的時候，他一個老朋友就看出我是個麻煩精。那時我跟姊姊瑪麗亞在搶玩具，他對我爸直搖頭，警告他，「瑪麗亞個性比較平穩，不會給你惹什麼麻煩。但是安卓亞，」他雙手朝天說著，「她是大海上的暴風雨，會讓你頭痛到不行，你可能上班上到一半得出來處理她的事。」

在學校我充滿自信、很受歡迎，但多年來和表兄弟姊妹纏鬥，代表我也很強悍、潑辣。不過老師們喜歡我，因為我會照顧班上的新同學，總會關照所有不同的人。

伊布拉辛．厄爾金的父親在康登鎮開油炸食品店。我想炸油必定滲進了地板，飄進他們在樓上的住家，因為伊布拉辛每天聞起來都有油臭味。他穿著低腰的褐色長褲，T恤又過短，所以肚臍總是從上下的縫隙露出來。他很孤單，沒什麼朋友，每次在操場要打棒球組隊，隊長才剛開始挑人他就先坐下，因為知道自己只會是人家撿剩下的。有次體育課老師叫我當隊長，我看著全班同學，伊布拉辛悶不吭聲的坐著，拔著他運動鞋周圍的雜草。我點了他的名字，全班大驚，「什麼？」連老師都轉頭看我。伊布拉辛很快從草地上站起來，結果褲子竟瞬間滑下來，全班都看到他的股溝，於是哄堂大笑。不過他不在意，因為這是他唯一一次第一個就被挑走。

「安卓亞，你那麼做真的很棒。」伊諾克老師賽後這麼對我說。

雖然我很難管教，脾氣又暴躁，卻很聽我爸的話，他不厭其煩一再告訴我，仁慈是一個人最好的特質。

孩子需要大人的解釋和示範

我對潔瑪期望很高，知道她有能力成功。她或許無法讀寫，但只要努力，在美術科能拿到等級 B 的成績。如果她專心讀書，不惹麻煩，甚至可以上美術學院。在整間學校裡，她只有在我的教室裡才好好學習，這讓我覺得很榮幸，同時也暗自開心，在學校裡她會聽我的話。我相信自己能扭轉這孩子的人生。

「畫得太棒了。」當她從家裡帶素描簿來跟我分享時，我如此說。上頭畫的幾乎都是穿著漂亮時裝的模特兒。「我可以給你一些建議嗎？」

她遞給我鉛筆，我開始示範如何更精準畫出裙子的形狀。

「想想看裙子是如何包覆身體，」我邊說邊用鉛筆勾出曲線，「看出不同了嗎？」

「哦，對耶，老師，這好太多了。」

這時潔瑪就會跟我聊天，透露些許家庭生活的細節。她說寄養家庭的媽媽本身有四個小孩要照顧，她們全都擠在小小的社會住宅裡。

「我不喜歡待在家裡，所以我都在街頭溜達。」潔瑪向我傾訴。

我很擔心她。因此在校時間，我把她的美術資料夾裝滿了用品：素描簿、粉蠟筆、鉛筆、水彩。這樣做的用意是鼓勵潔瑪，或許她可以在家裡找個安靜的角落畫畫，這樣就不會待在街頭徒增事端。不過這麼想或許是太天真了。

我知道潔瑪信任我，所以當她和其他老師起爭執時，經常會介入其中。我擔心如果不這麼做，她可能一時衝動而做出後悔莫及的事。雖然她當下無法控制脾氣，但我知道她事後都會後悔自己的行為。當老師這麼多年，我見過很多學生有行為問題。我們常會忘記學習控制情緒並非一蹴可幾，而且這不是與生俱來的能力，孩子需要我們的解釋和示範。我也會和學生分享一些策略，那是我瀕臨爆炸邊緣時也會運用的技巧。我以自己為例和學生分享，是因為這樣能貼近距離，他們需要知道大人也會犯錯，大人也要很努力才能控制自己，此事大家都在學習。

「如果有人當著你的面咆哮，那就從 A 開始想那個字母開頭的動物。A 是 ant（螞蟻），B 是 baboon（狒狒）。就這樣把二十六個字母想過一輪，直到對方發洩完畢，」我告訴潔瑪，「不管對方是你的朋友或老師，都不要理他，專心按字母順序聯想動物，看你能想出幾種。」

她點點頭，然後閉上眼睛揣想成效。

我告訴所有學生同樣的事，因為我知道這樣做很有效，也看過他們這麼做（從臉上微微的放空表情就能知道）。這方法讓學生能冷靜下來，避免做蠢事，否則他們可能會做出讓自己被開除的行為。

但不管我們怎麼插手阻止，有些孩子注定要走自己的路。

我們無法拯救所有孩子

潔瑪十年級的一個下午，警察出現在我們學校。那時快要放學了，校長和副校長剛好都不在學校。那時我已任教八年，剛升任助理校長。身為當天學校裡的一級行政人員，最先響起的是我辦公室的電話。

我下樓去接待區，見到兩位身穿制服的警官。

「有什麼能為您效勞的嗎？」我說。

「我們來找貴校一位學生談話，」較年輕的警官說，他稍微停頓並翻著筆記本，「潔瑪．貝克？」

「是為什麼呢？」我問。

「我們不方便透露。」警官回答。

我原本拿著筆的手緊握成拳頭。

「她是敝校學生，在校時歸我們管，所以我想我必須知道發生什麼事。」我說。

警官告訴我，週末發生了一起事件，有個遭受攻擊的女孩向警方舉報潔瑪，並說她就讀於我們學校。警方掌握了監視器畫面，現在要來帶她去問話。

「你們要逮捕她？」我大吃一驚的問。

警官點頭。

「但她只是個孩子。」

他們不為所動。

我請櫃台同事去查潔瑪的課表，看她這一節上什麼課。同事回答是「地理」。我知道要把潔瑪帶出教室相當棘手，她很可能會跑掉，或是在眾目睽睽之下蒙羞。

「我想我得先跟你們講潔瑪的家庭背景。」我說，然後請同事梅黎安陪我們到會議室，向警方報告潔瑪的狀況，說明她的日子有多辛苦。我想為潔瑪求情，提醒警方她只是個十五歲的女孩。我傻傻的心想，也許這樣她能逃過一劫，被判個口頭警告了事。但警方堅持要把她帶回警局訊問。

「但她是未成年人，」我懇求道，「你們不能就在學校裡跟她談，而我們有位師長在場嗎？」

警官開始失去耐性，說我阻撓調查。我知道自己時間不夠了。

「我們可以打電話給她的寄養家庭媽媽，」我說，「請她過來。等她來了你們再帶潔瑪到警局也不遲。」

警官好像同意這方案，我就去潔瑪班上帶她出來。走到人文社會科時，我在門外駐足了一會兒。教室裡的潔瑪坐在桌上，和平常一樣坐立難安，對於即將發生的事渾然不知。我打開教室門，跟任課教師解釋我需要請潔瑪出來談話。在場學生都轉頭看著潔瑪走出教室。我關上身後的門，而她一臉困惑。

「我啥都沒做，老師。」她說。

我帶她到我辦公室，把門關上並請她坐下。

「到底怎麼了，老師？」

「隔壁有兩位警官，想要跟你談談……」

我話還沒講完，潔瑪就衝了出去，一邊大叫一邊跑。我追上去，但是跑得不夠快。會議室裡的警官一定聽到了騷動，他們也走出來，同時對著對講機說話。此時，其他教師紛紛從教室裡出來，想了解這陣吵鬧是怎麼回事，有些學生也跟出來看。這就是我之前想要避免的事。

「潔瑪！」我追著她大叫。

她還在走廊尖叫、哭泣著，被嚇得找不到出路，看起來就像是受困的小動物，眼神狂亂、憤怒驚懼。我小心翼翼的走近她，她看著我，神情充滿恐懼且呼吸急促，有點類似恐慌症發作的症狀。

「潔瑪。」我放低音量並伸出了手，讓她知道我沒有威脅。

「你的寄養媽媽在來學校的路上了。別擔心，警察問話時，我們都會陪著你。你在這裡很安全。」

「老師，不要讓他們把我帶走，」她說，「不要讓他們把我帶走。」

但我需要讓她冷靜下來。

我讓潔瑪坐在椅子上，請她看著我並深呼吸。

「好，跟我一起吐氣，像這樣……」

她跟著我做。

「然後吸氣，像這樣……」

她的呼吸逐漸穩定。

「不管發生什麼事，都不會有問題的，」我說，「我們都陪著你。」

但潔瑪看到我背後兩位穿制服的警官靠近，又開始發作了，瞬間我的努力全都白費。她在走廊上大吼大叫且罵髒話。

「我什麼都不會說的！」

「潔瑪。」我高聲喊道，再次抓住她，但平常可以跟她溝通的能力好像失效了，「先安靜，冷靜下來。他們只是想跟你談談。」

此時，警官拿起無線電講話，我聽到他們說，「嫌犯要進來了。」

他們朝她走過來，說，「你得跟我們到警局走一趟。」

潔瑪用力搖頭，並且拚命抓著我的手腕不放，彷彿我是暴風雨中唯一的救命索。警官繼續走近並抓住她，想把她的手臂銬在背後。

「她只是個孩子。」我再次懇求，眼淚奪眶而出。

但他們不理我，硬是把她拉走。我覺得手腕有種撕裂感，差點叫出聲來，但還是忍住了。

「不要讓他們帶走我，老師，」潔瑪說，她的眼神在懇求我，「老師，拜託！」

但我們無法招架兩位警官，他們力氣太大，我拉不住潔瑪。

「老師！」她大叫，警官給她上了銬，押著她快步走出學校。我跟在後面，從校門口看到潔瑪的寄養媽媽上了警車，和潔瑪一起坐在後座，車子隨即開走。

那天晚上回家，我把一切都告訴約翰。他邊聽邊幫我冰敷，我的手腕不但腫起來，還滿是瘀青，隱約可見潔瑪的指痕，後來醫生診斷我是扭傷。但和擔心潔瑪的後續狀況相比，這點皮肉之傷不算什麼。潔瑪隔天沒來上學，再隔天也沒有。少了她如火山爆發般的脾氣，走廊感覺安靜多了，這點有好有壞。後來我就沒聽到潔瑪的消息，也沒再見過她。身為教師，當然會和學生有感情，畢竟我們付出時間和精力在他們身上。我們都努力要給來我們學校的學生留下深刻印象，但也有一部分的工作是放手。可是我永遠無法忘記像潔瑪這樣的孩子。

當我還是年輕教師時，常覺得自己可以改變世界。要承認我們無法拯救所有孩子，可能是最艱難的課題。我們別無選擇，只能繼續往前，但這些學生和他們的經歷會留在我們心裡，那些故事也會寫入教師手記的篇章裡，成為我們職涯的一頁。雖然一個救不到的孩子從你羽翼下離開，但另外十個需要你關注的孩子還在那裡等待。

我朋友前幾天寄給我一則漫畫。圖中的媽媽對女兒說，「你長大以後，我希望你堅定果敢、獨立又有主見；但當你還是小孩時，我希望你乖乖聽話就好。」

這讓我想起潔瑪。我能引導她走過許多狀況，純粹是因為我們關係融洽，而之所以能有這種信賴，都是靠早餐俱樂部和走廊上的善意閒聊而建立。最終，潔瑪的人生駛進自己的航道，我也得學著接受自己無法協助每個孩子。但是我看不出叫小孩安靜的政策有任何拉近師生距離的可能，遑論為孩子的人生帶來改變。這樣要怎麼教學生在大學與人互動？或是在職場上為自己爭取工作？如果你教孩子「說話是不對的」，要怎麼讓他們對你推心置腹？我在學校裡發現，學生跟我們講事情是因為信任，因為我們不是警察，因為我們會耐心聽他們說話。透過對談，透過提問「你有想過嗎？」或是透過提醒他們犯了錯，我們得以提供協助，就像我對潔瑪做的那樣。如果我們一直懲罰說話、獎勵沉默，就不可能和學生開啟上述對話。學生只會覺得比現在更孤獨，更與世隔絕。

08

熔爐：重視校園中的多元文化

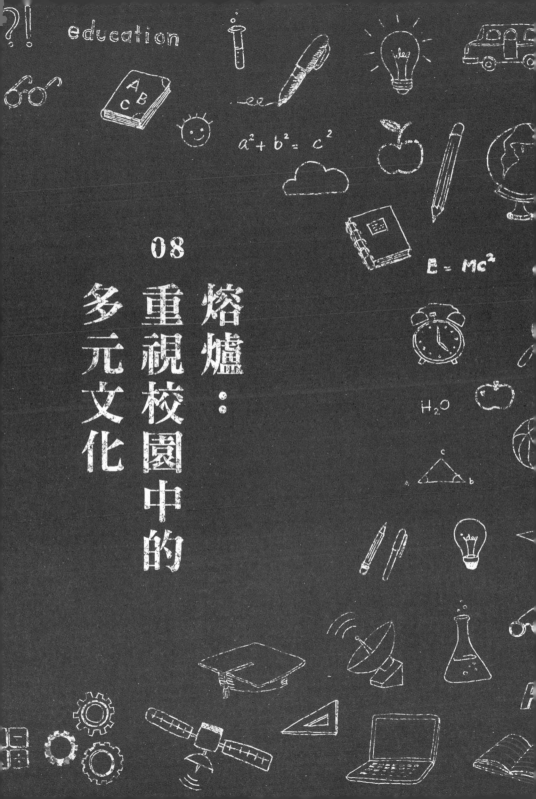

我們社區是濃郁繽紛的種族熔爐，而撇開課程不談，我們每天的教學工作是擁抱這些多元差異，重視並促進學生間的互相尊重，協助他們珍視彼此文化背景，學習相互了解，始終保持好奇。阿伯頓社區中學的學校行事曆是以基督教節日為本，但只有一三%學生表示自己是基督教徒。我們學校至少有六種不同的宗教信仰，各自有宗教節慶和假日。排燈節（印度教秋季節日）期間，全校師生有大半都沒來，出席率降了八〇%，請假人數多到讓我們懷疑校務是否還能運作。也因為這樣，我一直提醒自己，不應該只強調學生對英國文化的理解，而要著重教師對學生文化的了解。畢竟我在學校裡才是少數，看起來應該是學生要教我些什麼才對。

在學校的前幾年，我認識了印度教的神明，認識祂們的美和豐富的色彩。有一年GCSE美術考試的主題是「上面和下面」，可以探索天空、行星、地球、天堂、地獄等主題。許多學生畫了各方神祇，或是描繪家鄉的小寺廟。學生喜歡我花時間去了解他們的文化；當我講到印度教的吉祥天女和象神，或是提到穆罕默德、講述非洲文化中面具的重要性時，他們眼睛為之一亮。我有一堂課是讓學生用黏土做面具。作品完成後我們將所有面具掛起來，就在窗邊的天花板垂吊而下，陽光灑入時光影搖曳，讓整間教室看起來如夢似幻。當你認可學生的興趣時，孩子們會覺得受到矚目，大人不也是如此嗎？

我從自己的出身了解到，移民社區守護自身文化或宗教傳統相當重要。這是他們身分認同的重要部分，也希望可以傳承給子女，特別是很多父母都已離鄉背井，再也回不去了。

尊重傳統，干預陋習

我們依希臘習俗為四旬期禁食，雖然沒有做到像穆斯林齋戒月的程度。我相當敬佩選擇禁食的學生，有些學生嚴格遵守齋戒，從日出到日落粒米不進、滴水不沾。但是開齋節落在考試期間，對學生前途是個重大影響，他們花了兩年準備就是為了這一刻。有時候，學生在熱得像溫室一樣的教室裡上課，或是在攝氏二十五度的高溫下上體育課，結果昏倒。學校保健室在齋戒月期間很忙，常有學生肚子痛，或是因為脫水而頭痛。我們打電話給家長，請他們准許學童喝水或吃點東西。但家長們多半已經說過了，反倒是學童自己堅持恪遵紀律。在宗教節日期間，學校裡一些麻煩人物會變得比較恭敬有禮。

但幾週後就故態復萌，打架滋事樣樣來。我常提醒這些學生，這情況表示只要他們有心，其實就能控制自己的行為。

對移民來說，許多文化習俗是生活的重要部分，但仍有些習俗不能巧妙迴避，一定要干預。

雅珊娜‧哈利爾的家庭是阿富汗移民。她學業表現平平，在班上算不上好，但因為很用功，都還可以過關。大概在十四年前，她七年級時就讀我們學校，我從第一天就很喜歡她。雅珊娜有一頭濃密、閃亮的漂亮頭髮，還有一雙大眼睛，但美貌之下也潛藏著一個潑辣、暴躁的青少女。

有一天下課後，我正在清理美術教室，而雅珊娜也還留在教室裡。她跟著我走進備品儲藏室，站在那裡撥弄袖口，感覺有事想跟我說。

「一切都還好嗎，雅珊娜？」我問，同時把一些水彩顏料放回層架上。

她咬著脣。

「老師，我得跟你談談。」

我等她開口，但她絞扭著雙手，轉頭查看有沒有人在偷聽。

「怎麼了，雅珊娜？」我問，「出了什麼事嗎？」

雅珊娜通常是有話直說，不會吞吞吐吐，但她似乎在思考該怎麼開口。她做了個深呼吸。

「老師，我交了個男朋友，他是巴基斯坦人，讀別的學校，然後我們發生了關係……」

我放下最後一罐顏料，「雅珊娜，你有做安全措施嗎？有避孕嗎？」

「有，老師，我沒事。重點不是那個。但我爸發現我跟巴基斯坦男生交往，他說要帶我去醫生那裡，把我縫起來……下面那裡。」

我稍微鬆了口氣，心想那只是隨口嚇唬人，很多爸媽都會這樣恐嚇小孩，要他們乖一點。我伸手拍拍雅珊娜的肩膀。

「別擔心，雅珊娜，」我說，「他不會那麼做的。」

「但老師，你不了解。他氣炸了，還說要殺了我。」

我隱約聽到教室外學生排隊準備上課的聊天聲音。我們沒時間多談，但她顯然憂心忡忡。我請雅珊娜中午休息時來我辦公室私下談，我可以讓她相信自己安全無虞。

她準備前往下一節課的教室時，我說，「答應我，一定要來。」

她很快點點頭。

中午，在雅珊娜過來之前，我很快跟安奈特討論一下。安奈特是和我同辦公室的輔導老師。我告訴她雅珊娜上午跟我說的事。

「我跟她說不用擔心，她爸爸不能那麼做……」

但安奈特搖頭。

「安卓亞，」她說，「他可以，而且也很可能會。」

「你說什麼？」我回答。

那是我第一次聽說女陰殘割（Female genital mutilation，簡稱 FGM），這是因為非醫療原因而將女性生殖器官蓄意切除、破壞或改變的手術，方式有切除陰蒂，或是透過切割、調整陰脣位置，進行縫合以縮小陰道開口，讓女性下體只剩一個小孔，供尿液及經血排出。

「這樣能確保她們沒有性行為，」安奈特告訴我，「在某些國家，這是確保女生將來可以結婚的唯一方法。」

我的臉瞬間失去血色，此時，雅珊娜輕輕敲了辦公室的門。我從未想過這世上竟存在如此殘酷的陋習，更別說在英國了，實在是駭人聽聞。但在雅珊娜進來前幾秒鐘，安奈特在我們的輕聲對話中，斬釘截鐵表示此事確實存在。我趕緊讓自己冷靜下來，並示意雅珊娜坐下。

「你可以把稍早告訴我的事，一字不漏說給安奈特聽嗎？」我問雅珊娜，「我們必須知道你父親跟你說的每一句話。」

安奈特年資大我三十年，她知道怎麼拋出問題，很快就弄清楚這十六歲女孩有多懼怕她父親。雅珊娜一五一十的說了，內容比早上更詳細，隨著她娓娓道來，我們也越發擔心，知道雅珊娜父親的威脅並不是做做樣子，而是真的會去執行。

我們請她先到外頭等，然後討論下一步該怎麼辦。安奈特告訴我，社工和警方必須介入。我知道自己得通知一級行政，但仍猶豫了半晌才拿起電話，因為一旦我打了這通電話，雅珊娜當天晚上就不可能回家，也許以後也不可能。

那一天，這件前所未聞的事給了我一記重擊。雅珊娜的說法意味著，她以為真正信任的人，其實置她於極大危險中。此事也讓我明白，每位必須上報這類虐待事件風險的專業人士會面臨兩難情境，想要處理此事，就必須讓小孩跟所熟悉與珍愛的一切分開。這種習俗可能根深柢固在家庭文化裡，家長甚至渾然不覺此舉的嚴重性，因為相同的狀況可能就發生在他們身上。但在那一刻我無暇顧及所有面向，雅珊娜的安全是第一要務。因此我打了電話。

原生家庭難以割捨

熟悉的事情會帶來安全感，至少這是移民者文化的觀點。外在世界充滿危險與未知，不安全感帶來恐懼。

我從小住在文化大熔爐倫敦，每天走在路上常見的臉孔似乎都非我族類，而且也不被鼓勵和那些人交往。很小的時候我就被教導，最優秀的希臘女孩長大會嫁給希臘男孩。我的命運堅若磐石，早在我父母搭飛機或船來到這國家前就已注定。也就是說，他們的過去決定了我的未來。

我父母從未評斷別人的婚姻，而只是清楚表明對我的期待。我媽給我灌輸了一堆故事，關於墮落的女孩如何被家人斷絕關係。與其說他們是明白的告訴我，不如說我是靠直覺理解。

我和先生約翰是在健身房認識的，他當時是那裡的教練，而我已經從大學畢業，回家跟爸媽同住。幾個月下來，我們在啞鈴和跑步機之間的招呼與相視而笑後，漸漸熟稔起來；開始約會後，我知道他就是我的真命天子。約翰來自辛巴威，來到英國只有幾年而已。就和許多移民一樣，他來英國是為了追求更好的生活，賺錢寄回去給家人。他責任感很重，親戚名單很長，每週都把存起來的一分一毫寄回家，支付姪兒與姪女的學費、媽媽的醫療費、電費或喪葬費。

我必須跟約翰坦白這個事實：雖然我很想一輩子牽著他的手，但是我爸媽不認可他手的膚色。

我們曾試過分手，但是難分難捨，所以祕密交往長達四年，直到有一天，我月經沒來，隔天起床時發現，約翰晚上偷偷在我的手指套上戒指。

不出所料，我爸媽氣炸了。我爸沒說什麼，我媽則是說了太多。她大聲嚷嚷著教會的人會怎麼說，我告訴她，他們要說什麼都可以，來當著我的面說。

「別擔心，他們會想通的。」約翰捏捏我的手說。

我爸的失望全寫在臉上，他很難給我們祝福。

但我們的女兒蘇菲亞在九個月後出生，又過了十五個月，安娜瑪莉亞也來到世上。

我爸和約翰終究如我所想的成了朋友。但還要再過十年，我們才終於步入結婚禮堂。

那天下午，當雅珊娜的父親到學校時，她沒有在校門口等他，而是坐在我們的辦公室裡。

「老師，我爸一直打給我。」她說，並給我看手機上的未接來電。

「告訴爸爸你在跟我們開會。」我告訴她，想以此爭取一點時間，等待社工的回應。

幾分鐘之後，助理校長來到辦公室。

「雅珊娜，」他輕聲說，「我剛才跟你父親講過話，說你今天不會跟他回家了。」

雅珊娜慌張的看著我們。

「什麼意思？」她說。

「你今天說的這些事，我們已告知你父親，並且向他解釋，我們因此擔心你在家中的安危……」

「但是，我很安全……老師說，他們不能，他們不會……」

助理校長繼續說，「雅珊娜，警方和一名社工正在趕來學校，目前我們就等候他們的指示，看看該如何確保你的安全。」

此時雅珊娜起身往門口走去，但助理校長搶先一步擋住她的去路。

「沒關係的，」我告訴雅珊娜，「我們得這麼做。」

雅珊娜突然明白，這件事曝光背後的代價，就是不能回家跟爸媽團聚了。她看著在場所有人，眼裡充滿恨意。我完全能理解。

「雅珊娜，你要振作起來，」安奈特語氣稍微強硬的說，「如果你回家，可能會有不好的後果。我以前的學校有個女生被爸媽行割禮，結果因為感染而去世了。你想要也變那樣嗎？」

雅珊娜傷心欲絕。

我抱著她，但心裡知道此刻她需要的不是我，而是媽媽。然而，她媽媽無法保障女兒的安危。我一遍又一遍對自己說，這樣安排是最好的，雖然心裡根本無法相信。

從那天起，給教職員的 FGM 研習在學校變得較為普遍。我們得注意一些初期警訊：女孩子個性大變、變得安靜退縮、上廁所時間變長、走路有異樣，或是無明顯原因反覆發高燒。回想起來，我驚恐的發現，以前有些女孩或許是遭受了 FGM，要是我當時知道要注意什麼就好了。突然間我也明白，為什麼某些成績一直都拿 A 的女學生，課業在假期過後都變差了。

英國防止虐待兒童協會在二〇一七年公布的報告，指出布倫特行政區 FGM 案例是首都圈最高。在二〇一五年四月至二〇一六年四月間，FGM 通報案例有三百二十五件，是全國第三高，僅次於伯明罕和布里斯托。有些移民沒有把這習俗留在家鄉，而是一起帶來英國。此陋習見不得光，卻一直祕密進行。在英國，FGM 從三十多年前開始就是違法的，至今仍是如此。這並不是文化問題，而是安全問題。

多元複雜環境的幫派誘惑

根據內政部的統計數字，從學校轉介至「Prevent 專案」的人數最多；Prevent 專案是為受基進主義殘害者創立，進入專案的五千七百三十八人中，三三％是從學校轉介。幾年前，有段時間我們對阿伯頓學生基進化的擔憂，主要是針對伊斯蘭極端主義，但近年來我們注意到，學生有朝極右派極端主義靠攏的趨勢。這也反映在政府的數據上，右翼基進派的比例為所有轉介案件最高（四五％）。

傑可布這男孩在上述方面令我們憂心。我在他七年級剛入學時有教到他。白皮膚、藍眼睛的傑可布來自波蘭移民家庭，因為看起來與眾不同，在班上相當突出。他是個積極的學生，但有點太過積極。我發現他一直需要被人注意，因此會在班上高歌、掉筆、一直舉手回答問題。他在老師面前當紅人，此舉似乎和同年齡的男孩大相逕庭。當時倒不是這樣就能看出什麼問題，只是他在學校愈是進步，自信也就愈多。某次我在遊戲場顧小孩，看到傑可布在取笑一個瘦小的古吉拉特男孩。

「哈囉，傑可布。」我說，並且走過去查看。

他馬上放開那個男孩。

「老師，他找我麻煩。」他指著那個印度男孩說。只見印度男孩一臉茫然，正在整理自己歪掉的衣領並梳攏頭髮。

我挑了挑眉，便叫他們各自去做別的事，並盯著傑可布走開。學校生活對他來說顯然不容易，因為在我們學校，他很難找到有相同背景或文化信仰的同儕，可能會因此感到孤單。雖然有很多小孩在這種環境脫穎而出，卻也有小孩覺得相當困難，歸根究柢大都源於他們在家裡獲得的訊息。要讓移民家長覺得自己在英國受歡迎，實在不是件容易的事。多元文化環境伴隨而來的是壓力。通常大人可能在拚命工作，有些老闆喜歡雇用與自己同國籍的員工，供應商喜歡賣東西給自己族裔的人，買主也喜歡跟自己人買。錢很吃緊，壓力也很大。孩子在家裡耳濡目染所學到的看法，也難免會帶到遊戲場上。但身為教師，我們有責任要消滅任何種族歧視或偏見，提醒學生這裡是個大家庭。

我最擔心傑可布的地方，就是他在學校是少數族群，卻擺出一副天不怕地不怕的樣子。當時我已是一級主管，所以常聽到他被請出教室、脾氣暴躁、捉摸不定。我也更多注意到，他會針對與自己膚色不同的學生，我更擔心的是他對他們使用的語言，比方說他和一個黑人男生打架，是因為他叫對方猴子結果被揍了一拳，但傑可布不認為自己有錯。又是需要通知家長的時候了。

身為教師，我們總希望家長能成為我們的後盾，畢竟我們只是努力讓孩子求學的路更平順。不過有時家長才是問題的核心，而要教育他們幾乎是不可能的事。傑可布的父母就是一例。他們跟很多家長一樣經常說表面話，例如回家一定會跟兒子談談他的態度，或是在我們聲明阿伯頓是非宗教的社區學校時，頻頻點頭表示同意。但他們顯然並未看到問題的癥結，兒子的態度也沒有改善。

過去幾年學校教職員陸續受訓，知道如何辨識新納粹極端主義。我們注意到社區的牆壁和公車站有愈來愈多卐字噴漆，也發現學生筆記有這標誌的塗鴉。我們被告知要注意突然剃光頭的學生，不只因為他對校內其他人有威脅，也因為他很可能被校外人士招攬。像傑可布這樣渴望找到同類、想討人喜歡的男孩，更可能被右翼極端份子誘騙。

近年來，青少年的安全活動空間愈來愈少，之前專為他們設立的社區活動中心和專案已不復存在，他們年紀太小，也沒錢去健身房，結果只能在街頭巷尾閒晃，一點都不安全。

有幫派的保護聽起來很誘人，而男孩尤其容易受影響；轉介給 Prevent 的案例中，男性占了八七％。男孩可能會被「想做什麼就做什麼」的自由誘惑，感覺加入幫派就什麼都能擁有：錢、腳踏車、手機。幫派還會提供保護，或是讓這些孩子有棲身之處。極端主義團體從年輕人的心理下手，拐騙並吸收成員，實在很可怕；如果此事發生在校外，教師能插手阻止的程度就很有限。不過我們有上研習課程，知道在校內要注意顯著行為，防患於未然，而傑可布就是一例。

傑可布和一名索馬利亞男孩打架的事件，讓情況變得白熱化。傑可布說對方的父母是人猿，男孩打了他一拳。雙方家長都被請到學校來；兩名男孩都受到停學處分。傑可布的父母不懂，為什麼他們的兒子要受這麼嚴重的處罰。

「挨打的可是傑可布。」他父親如此辯解，對兒子以不當言語激怒對方的嚴重性渾然不知。

傑可布在幾週之後復學，但幾個月後又發生另一起事件。他的種族歧視言論令人擔憂，因為他的意識型態根深柢固，根本無法控制自己不說。他對這些看法自信滿滿，也不怕被其他孩子群起圍攻。換言之，他不知道此舉無異於將自己置入險境，校方知道這樣總有一天會出事，到時必定有人會受傷。

傑可布被轉介給 Prevent。他從我們學校轉出，進入學童轉介單位。我們不知道後續他的狀況如何，因為案件已成機密。我只希望 Prevent 專案計畫對他有用。

這些日子以來，教師的工作愈來愈往四面八方延伸，完全不只是協助學生學習我們任教的學科。體育老師在學生換體育服時，要留心任何學生受虐的跡象，看他們身上是否有不明瘀青，或是體重急遽下降，進而透過這些蛛絲馬跡，推測學生在家裡是否遭受不當對待與壓力。但政府不想知道孩子的健康與幸福，不想知道他們每天經歷的危機。教育界高層只想知道為什麼考試成績退步，老師該怎麼提升學生表現，資源或預算是否浪費了。他們好像不太知道第一線教師每天面對怎樣的教學現場，所以也不知道那種勾勾表格就決定的教育做法，根本不適用於這種現場。

09

數位原住民：科技與社群媒體的負面影響

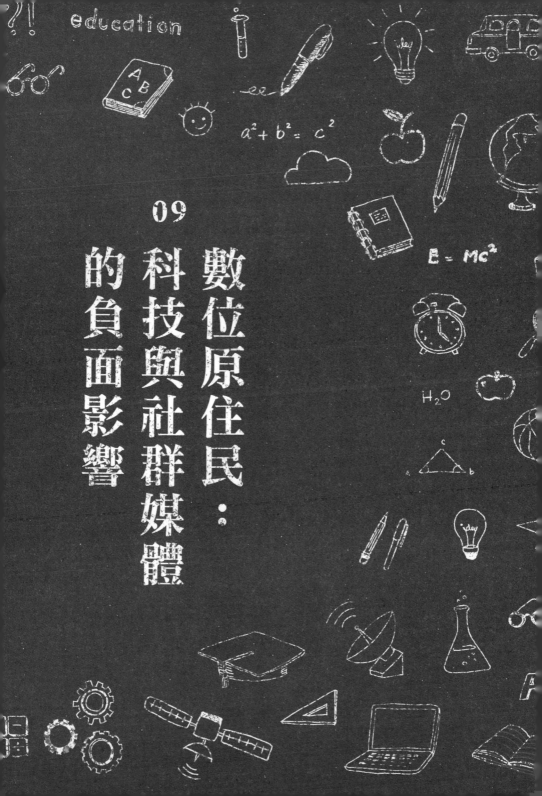

電玩成癮危害甚巨

在媽媽眼裡，艾登．莫哈馬德不可能犯錯。他是成長於單親家庭的穆斯林乖小孩，由於沒有父親，因此身兼一家之主的角色。莫哈馬德太太應該很少聽到對於兒子的批評。家長會時，我好聲好氣跟她說艾登應該更用功點，她卻拒絕聽任何負面的評語；而艾登坐在她旁邊，臉上露出一抹得意的笑容。但媽媽這樣做，對孩子一點好處都沒有。

我第一次打電話給她時，艾登還是七年級。

我解釋艾登的英文課作業沒交，上課也不專心，我們擔心他進度落後。

莫哈馬德太太說，「這都是英文老師的錯，她對我兒子超凶。」

等到我終於掛斷電話時，耳邊迴響的並不是媽媽的聲音，而是艾登的聲音。我知道這位媽媽對兒子回家說的一切照單全收，她是我很怕打電話過去的那種家長。長達五年，我們親師間見解嚴重分歧；如果艾登打架，錯的永遠是對方；如果他功課沒交，則會怪罪在老師頭上。同時，我們每天在學校努力跟艾登講道理。

艾登十一年級時，我接到一通讓局勢劇變的電話。那時我在辦公室接起電話，聽到莫哈馬德太太的聲音，神經馬上繃緊。她兒子的表現還是很糟：上課根本不專心、每一科都不及格、一堆作業沒有交。但這次她的語氣比平常軟了幾分。

「我需要你的幫助。」她說。

莫哈馬德太太隔天來學校，坐在我辦公室裡，看起來沒有以前的強勢，甚至有點無助。她雙手緊握放在大腿上。

「有什麼我能協助的呢？」我問。

「我兒子打電動成癮。」她說。

我盯著她看了好一會兒。很多家長都會這麼說，而我心裡已準備好要駁斥她的擔憂：把電動沒收不就得了？

「每天他放學回家，不吃飯就直接上樓，把自己鎖在臥室裡打電動。」她說。

「但他應該要先寫功課，」我說，「為什麼要讓他進房間呢？」

她開始哭，手指擰絞著罩袍的布料。

「每次我把 PS 遊戲機收走，他就開始對我拳打腳踢，」她說，「直到我拿出來，他才會停手。我不知道該怎麼辦。我需要你的幫助。我兒子上癮了。」

我無言了半晌。此前五年，我跟這位媽媽爭辯了不下數十回；每次我請她協助督促管教艾登，結果都被拒絕，但現在她需要我的幫忙。這位女士為自己深愛且呵護一輩子的兒子提心吊膽，然而直覺告訴我，她不會讓我請警方介入，否則就不會來找我。這位媽媽只是需要我聽她訴苦，然後提供支援。

「他上癮了，」她又說一次，「我現在把他的 PS 遊戲機沒收，就像是把毒蟲的海洛因拿走一樣。」

「你得跟家庭醫師談這件事，」我說，「如果艾登的行為如你所述，那他確實是上癮了沒錯。」

但她目前不想跟醫生談，我決定親自來處理。我離開辦公室，去教室將艾登帶回辦公室，然後看到他媽媽流露出恐懼的神情。他調整了坐姿，看到面前的媽媽那麼絕望，感覺有點難為情。我將他媽媽的話重述一遍，而他看媽媽的眼神，是我希望他能感受到的羞愧。

「你沒辦法把電動收起來嗎？」我問他。

「我沒有上癮，老師。」他堅持。

「真的嗎？」我說，再瞄一眼他媽媽，「告訴我，你放學回到家後，都在做什麼？」

他的回答跟媽媽之前說的一致：跑到樓上房間打電動。

「你玩多久？」我問，「媽媽叫你收起來的時候，你都怎麼做？」

「我想收才收。」他說，態度突然強硬起來。

此時我看到他媽媽見到的違抗。在學校裡，我們看多了小孩熬夜打電動的後果，在上課時露出倦容，或是跟同儕相處時表現出煩躁。他們對一切意興闌珊，無法觸發大腦獎勵機制的事物，都進不了他們腦袋。對於兒童還在發展中的大腦而言，電玩的影響令人擔憂。人類大腦要到二十五歲才達到完全成熟。加州州立大學的一項研究指出，令人上癮的電玩，例如《要塞英雄》（*Fortnite*），對兒童大腦的作用與藥物濫用及酗酒相似。MRI掃描顯示，那些每天花數小時打電動或使用社群媒體的人，大腦中的衝動區塊（也就是杏仁核—紋狀體系統）不但比較敏感，也比正常來得小。小孩不斷給發展中的大腦灌注多巴胺，難怪學校無法引起他們的興趣；與遊戲相比，上學無聊許多，一旦小孩習慣更多刺激，就會覺得學校步調慢。十三至十五歲學生重度沉迷電玩，甚至會增加藥物濫用的可能性，不過家長會覺得小孩在樓上房間打電動，總比去外面更安全。

「艾登，你這是在做什麼？」我聲若洪鐘的說，「你攻擊媽媽，媽媽耶！她把你生下來，給了你一個家，結果呢？你應該感到慚愧！」

此時艾登哭了起來，只見他雙手摀著臉啜泣，並且用襯衫的袖口擦掉眼淚。但是我還沒有罵完。

「今年是你考 GCSE 的最後一年，」我說，「你整個晚上都在打電動，要怎麼去考試？」

他不吭聲。

我繼續說，「你媽媽之後會這麼做：把你的 PS 遊戲機從房間裡拿出來，放進她的後車廂。每個週日你可以玩三小時。一週三小時，就這樣。」

「如果你不遵守這規矩，我就取消你的考試，」我祭出威脅，而他無須知道其實我根本做不到，「你聽懂了沒？」

他抬起頭來，小聲的說，「懂了，老師。」

出於某些原因，有時學生會聽老師的話勝過父母。我為他們母子做的規畫想必是見效了，因為我再也沒聽到莫哈馬德太太的抱怨，而艾登雖然因為課業落後太多，還需要趕上，但也有顯著的進步。也許是親師會談給了這位媽媽力量，讓她能勇敢對抗兒子。但願如此。

科技進步為社會帶來衝擊

艾登的案例算是極端，但那並非個案，此前我就曾向家長示範如何管自己的小孩。我常發現有些父母會逃避育兒的職責，選擇用三C顧小孩，有些父母甚至認為這樣做是好的。

我的學生盧卡斯和艾登類似，他從來不交作業。我在家長日時把他媽媽拉到一旁。

「你兒子很討喜，」我說，「他是個好孩子，但是從來不寫作業。」

「因為他沒有時間呀，」她回答，「他花很多時間打電動，而他的 YouTube 頻道現在有四萬人訂閱了，大家對他的 Minecraft 設計驚為天人，他還開始營利賺錢了。」

盧卡斯在一旁頻頻點頭。

「我畢業以後要當專業的電腦遊戲玩家，老師。」他說。

這次換媽媽在旁邊點頭。

「你贊成嗎？」我問她，「因為我不贊成。」

「但是他電玩打得很好啊，」她說，「那是他的未來。」

我不敢相信她的回答。

「但是再過幾年他就要大考了，」我說，「如果他都沒有念書，要怎麼考試？」

我無法跟這對母子溝通，因為媽媽認為兒子將來會踏入電玩產業，他的未來已經定案。上學不重要。

我在走廊上聽到孩子計劃著課後活動，約好放學後一小時要上線。很多家長擔心小孩在外會出事，覺得他們待在臥室比較安全。但是他們真的知道孩子在房間裡做什麼嗎？知道他們在跟誰講話嗎？

如今有誰會想當青少年？我的中學生活和現在學生大不相同。我為兩個女兒擔心，她們分別是十二歲和十歲，在社群媒體的影響下成長。我在課堂上見識到此現象對學校生活的衝擊。去問世界各地的老師，他們對學生持有手機的看法，通常不是翻白眼就是嘆氣，或者是無語問蒼天，因為我們對學生用手機這件事，實在是煩到不能再煩。

我們讀書時還沒有這個煩惱。當時我們不是自己小宇宙裡的明星；沒有在 Instagram、Facebook、Snapchat 或 TikTok 上開帳號，因為那些都還不存在。所謂的名人，是在每週現場直播的流行音樂節目《金曲排行榜》（*Top of the Pops*）上看到，內容老少咸宜，適合闔家觀賞。所謂的明星，是我們臥室牆壁海報上的那些人——Bros 樂團、杜蘭杜蘭合唱團（Duran Duran），以及在我家很紅的喬治・麥可（George Michael），因為他是希臘人。我們渴望成為《新鮮王子妙事多》（*Fresh Prince of Bel Air*）或長青電視肥皂劇《東區人》（*EastEnders*）裡面的角色。

我熱愛運動，因此在就讀的中學女校裡，加入每一個校隊挑戰自己。我滿頭大汗的在足球場運著球，毫不在乎自己看起來是什麼模樣，只是專注於贏球，一心一意想打敗對手。我們不需要修圖才會更愛自己的面貌；我們不會花好幾個小時在 YouTube 看化妝教學影片；我們不像現在的孩子那麼擔心自己的身形，當時沒有金・卡戴珊（Kim Kardashian）來提醒我們自己的屁股太扁或胸部不夠大；我們不會傷心沒錢買能讓自己變酷的那些東西。

但是，今日的孩子不斷接觸到完美應該是如何的概念。

以前我們沒有手機;全家人共用家裡的電話,了不起就是在臥室裝分機。我們的心思不會被網紅占據,他們口口聲聲說要給我們信心,但其實是示範怎麼把大家變得一樣;網紅其實讓人覺得自己一文不值,因為我們的追蹤者和按讚數不夠多。以前的完美並非單一標準,而是有上千種變完美的方式。

以前我們沒有指甲油可塗,也不會去豐脣;我們不認為自己舉手投足要像個AV女優才能交到(甚至留住)男朋友;我們運動是為了保持健康,而不是追求六塊肌。當時的課業壓力沒有現在這麼大;我們考的科目一樣多,但是試卷分量只有三分之一。

我之所以擔心女兒,原因就和我父母以前不用擔心我一樣。每週我告訴家長,他們應該要管控小孩使用三C產品的時間,但連我自己也不見得能做到。我規定晚上七點前不准用iPad,晚上九點後禁用所有三C產品。但我知道有時自己會拿著手機忙事情,而且可能十點後才提醒女兒該上床睡覺了。有時當我批評家長讓小孩打電動,或者問家長有多常盯著螢幕時,會覺得自己簡直是個偽君子。我想起好幾次都要讓先生提醒我,「現在是家庭時間,請把手機放下。」

所有家長都有工作,回家都累垮了。我們都得煮飯、打掃,也都希望日子能輕鬆點。但有時我會想，如果給小孩三Ｃ產品哄他們開心，而不是坐下來和他們互動，對孩子的大腦將有什麼影響。我很怕有一天小孩會跟我要ＰＳ遊戲機，因為我知道電玩比藥物更容易上癮。我記得自己十幾歲時看到的是媽媽的臉，而非她的手機殼。我覺得被愛、有安全感、自信，因為她的注意力放在我身上，我無須跟三Ｃ產品爭寵。

我更小的時候整天在外頭騎腳踏車，肚子餓了或膝蓋擦傷了才回家。如果現在小孩待在臥室裡比出門呼吸新鮮空氣還要安全，那我們該如何養育孩子？

別管當什麼小孩了，現在誰想要當父母啊？

感情糾紛引發幫派威脅

芮希芭·巴堤在十年級時像顆砲彈一般落入我們學校。十五歲的她活力充沛、天不怕地不怕、嘴上不饒人，從態度可見一斑。她是透過所謂「有條件自願轉學」轉來我們學校，這表示她在上一所學校有嚴重的問題。不過為了讓她有機會重新開始，我們並不知道芮希芭的詳細情況，只有最基本的資訊。

她的頭髮梳攏成一個髮髻在頭頂，兩側都上了髮膠，沒有任何一根飛散的頭髮。她穿著素面黑色羊毛衫和裙子，上頭沒有校徽，而且只有在進校門時才會繫領帶。她喜歡跟男生混在一起，很快就判斷哪些人是該年級的風雲人物，然後跟他們走得很近。芮希芭跟那些男生打情罵俏，自然激怒了他們的女朋友，但芮希芭甩都不甩。如此，她很快就在阿伯頓樹敵了，跟在上一所學校的情況一樣。從一開始芮希芭就惹了一身麻煩，但她沒有努力融入環境，只想要特立獨行。她無所畏懼，身上的武裝好像刀槍不入一般。某個下午我很驚訝的發現，在放學好久之後，她還在學年辦公室外遊蕩。

我探出頭。

「芮希芭，時間滿晚了，」我說，「你有什麼事要找我談嗎？」

她轉過身，上下打量我。

「沒，」她聳聳肩，「我為什麼要跟你談？」

我沒多做回應，只是在辦公室裡繼續改作業。但十分鐘之後，她又出現在門口，咬著自己的光療指甲，眼睛盯著地板。

「你確定沒有事嗎？」我問。

她沒做聲，但也沒走開。

「芮希芭，你是不是惹上什麼麻煩了？」

她靜靜點頭。我很少看到這大剌剌的女孩如此焦慮，一定是出了什麼嚴重的事。我請她進來並坐下。

「你想告訴我出了什麼事嗎？」我問。

她一開口就毫無保留，說出在之前學校發生的所有事。她討厭家裡，討厭爸爸對媽媽說話的態度，她不想跟爸爸起衝突，所以盡量不待在家裡。她在街頭結交了一幫壞胚子，被那群男生當做性玩物，輪番交易。她無處可去，也沒了自尊，更遑論自愛，所以他們對她做這些又有什麼大不了呢？至少這是她的感受。但有個男生在她不知情的情況下錄影，她的性愛影片在學校間流傳。芮希芭被迫轉學以逃避過去，尤其是躲避那男生的女朋友，因為那女生的幫派朋友都想教訓芮希芭。

「但她發現我在這裡，她們都在外面等，」她解釋，「她們會殺了我，老師！」

這是我第一次看到芮希芭真實的樣子，在張牙舞爪、逞凶鬥狠的背後，是個害怕無助的女孩。

我用對講機和保全通話，請他們出去校門，祕密查看是否有任何幫派等候芮希芭的跡象。保全回報確實有一大票別校的女生等在公車站旁。我請他們報警，看能不能驅離她們。我絕不可能此時讓芮希芭走出校門，於是讓她在辦公室等。我看到她的眼神掃過我的辦公桌，落在我女兒的照片上。

時鐘滴答的走：五點、六點……七點，管理員準備過來上鎖了。我一直試著聯繫芮希芭的父母來接她，但她父親在上班，而母親沒有車。

「行不通，」我說，「我得自己載你回家。」

我先打電話給校長請求允許。

我們在一片漆黑中走過停車場，我四下張望，緊張程度不亞於芮希芭。走到車旁，上車並鎖好車門，我插入鑰匙發動車子，芮希芭縮在後座裡，這樣我們開出大門時，就沒人能從外面看到她。

這不是我第一次為了確保學生的安全，不得不送他們回家。我們學生每天處於附近學校幫派的威脅。某次，一幫綁著頭巾的人衝進我們上體育課的公園，目標是其中一位學生。幸好老師們擋在中間，學生才沒有受到傷害。又有一次，我們聽到風聲，放學後可能會有幫派來鬧事。當我們看著學生安全上公車時，一群我不認識的青少年騎著單車出現，同時解下腰間繫著的鐵鍊。我盡力把學生趕上公車，等著警車鳴笛強迫那幫人離開。有時我甚至跟學生一起搭公車，確保他們安全到家。

芮希芭住在我每天開車會經過的社會住宅區，我全新的本田喜美停在她家的巷子裡，我知道住在這一帶的人比較貧窮。我們下車，一群騎著BMX自行車的小男生圍了過來，看到我車子輪胎的合金和黑色擾流器，不禁發出嘖嘖聲。

「這邊走，老師。」芮希芭說，接著她肩膀往後收並抬頭挺胸，那種虛張聲勢的樣子又回來了，她引我穿過迷宮般的巷弄，來到她家前門。

媽媽開了門，她看起來瘦小、年輕，頭髮用頭巾包裹起來，腳上穿著時尚的運動鞋；雖然媽媽幾乎不會講英文，但很熱情，看到女兒安全到家後如釋重負。她招呼我進門，客廳相當整潔漂亮，地板鋪著波斯地毯，用彩色線織成的古蘭經文裱框掛在牆上。芮希芭的父親是計程車司機，我來的時候他已出門載客了。她媽媽端出銀色托盤，上頭放了整套的茶杯茶盤，還有一些水果餅乾。她給我倒茶，留我坐一會兒，並用破破的英文說自己有多擔心女兒。芮希芭現在安全無虞了，反而不將媽媽的恐懼當一回事，還對她凶巴巴的。但我看得出媽媽的煎熬，還有她多希望女兒能有個全新的開始。我離開前握住這位媽媽的手。

「別擔心，」我說，「我早上會來接芮希芭，晚上再送她回家。」

「謝謝，謝謝。」她說。

社群媒體不利於孩子

每天早上我會開車到芮希芭家門口載她，並且利用這段通勤時間來了解她，說服她遠離所捲入的生活，幫她了解還有別條路可走。

「你得開始學會何時該閉嘴，芮希芭，」我告訴她，「你那張嘴老是給你惹麻煩。」

「我知道，老師。」她說。但在每天開車載她回家的路上，總又聽到她今天跟誰打架或起爭執。

到最後，能決定芮希芭未來的不會是我，某方面來說也不是她自己。我為芮希芭提供一週的計程車服務，最後校方決定送她回原本的學校。因為這不只是她遇到的麻煩，她跟別校學生的紛爭也置我校學生於危險之中，畢竟每天都有幫派守在學校門口，威脅到學生的人身安全。

芮希芭上課的最後一天，她媽媽到學校來謝謝我。我擁抱她，感覺到她很失望，這不是她渴望芮希芭擁有的全新開始。

「你盡力了。」她說，但我不確定這個「你」指的是我還是她自己。

我們再也沒有芮希芭的消息。她有扭轉人生嗎？誰知道？有了社群媒體後，現在孩子所犯的錯誤都會一輩子跟著他們了。

我們的教學工作愈來愈常花在解決學生間的衝突，而這些事端源於學生在家用WhatsApp或Facebook，然後延燒到學校。想要得出社群媒體不利於孩子的結論，一點都不困難。英國皇家公共衛生學會（Royal Society for Public Health）和青年健康運動組織（Young Health Movement）在二〇一七年共同進行的一項調查發現，社群媒體增加了十四至二十四歲年輕人信心不足和焦慮的感受。「兒童專線」（Childline）接到的電話中，關於網路霸凌的案件增加了八七％。原本隔天就能雲淡風輕的遊戲場口角，現在會跟著孩子回家，跟到房間裡，全都拜社群媒體之賜。我不需要數據來告訴我社群媒體對孩子有負面影響，因為我每天都在教室裡看到。從芮希芭的案例到女生自殘，問題全都起於她們在網路上接觸的危險影像。

老師每天要應付的事情已經夠多了，但如果不是我們，誰又會來幫助青少年在社群媒體的未知領域裡前行？誰會解釋三Ｃ產品的風險、可能造成的傷害，以及年輕人該如何因應？大部分的小孩寧可自己承擔這些問題，也不願冒著三Ｃ被沒收的風險求助。整個社會其實就是在把重擔丟給孩子。要去處理這麼難以捉摸的事情，感覺是不可能的任務，但處理社群媒體的影響，絕非是教師單方面的職責。如今的我們早已不堪重負。

10

使命感：為未來而教

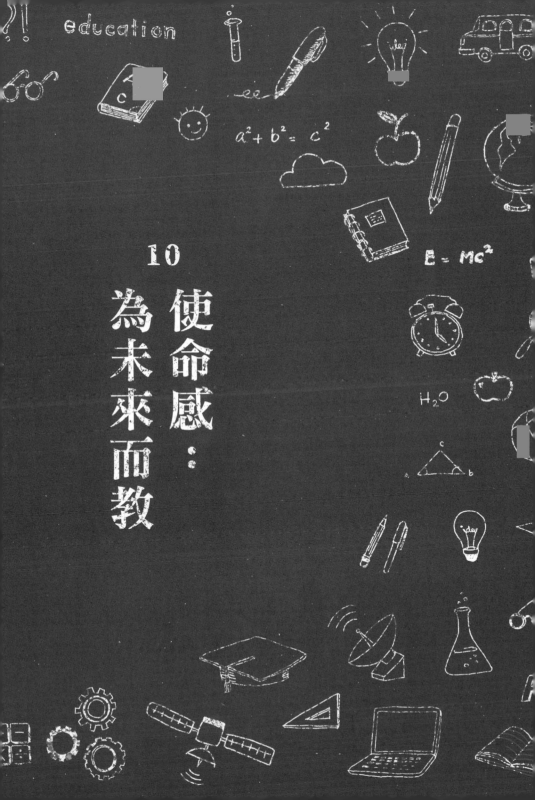

令人困惑的混亂教學現場

當老師對很多人來說，從來就不只是一份工作。那是種使命感，想要在真正重要的地方做出改變，想貢獻一己之力形塑下一代，想看到自己灌輸給小孩的價值觀與技能引起漣漪，進而擴散，在社會上掀起更大的波瀾。但這份工作不是每個人都適合，對教育的想法與現實之間，存在著一道難以逾越的鴻溝。

二〇〇九年，馬丁．紐頓是阿伯頓社區中學招募的一位 NQT（新任合格教師）。他是自然科教師，對所屬學科的教學充滿熱忱，很有感染力。學生喜歡他，我常看到準備上他的課或剛下課的學生笑容滿面、活力滿滿。馬丁應該會是位傑出的老師才對。但他似乎少了點什麼。

一群準備考 GCSE 的學生提醒了我這一點。有天午休時間，他們來遊戲場找我。

「老師，我們得跟你談談。」當中最高也最勇敢的孩子說。

「一切都還好嗎？」我問。

「不太好，」剛剛說話的男孩說，「是關於紐頓老師……我們很喜歡他，老師是個好人，但我們擔心在課堂上都沒學到東西。」

我注意到自己挑了一邊的眉毛，這些穿外套的學生們不自在的扭動著。顯然他們是很有把握才敢來跟我說，而且應該會覺得背叛了自己喜歡的老師。

「你們可以再說詳細一點嗎？」我說。

他們開始主動提供訊息，起初還有點遲疑。

「課堂就一團混亂，對吧？」一個男孩說。

「我們根本不知道到底是要學什麼。」另一人說。

「你們看，」第三個學生說，並且從書包裡抽出自然課本，「我完全沒寫筆記，因為上週老師什麼都沒教。」

我接過課本翻看內容。他說的沒錯，課本幾乎一片空白，而這些男孩再過幾個月就要大考了。課本裡只有奇怪的筆記草草收尾，沒有整體結論。這不該是十一年級學生自然課本該有的樣子。

「好，」我請他們安心，「謝謝你們告訴我。」

男孩們看起來如釋重負。

「但請別告訴紐頓老師是我們說的，好嗎？」最高的男孩很快的說，「我們不希望他覺得我們投訴他。」

「沒問題，」我向他們保證，「我不會讓他知道。」

因為馬丁是NQT，所以我跟他說會去觀察他的下一堂GCSE課，這並不是什麼不尋常的事。我絕對不會告知他課堂上這批學生的疑慮，因為這不但對學生和老師本人都沒有助益，還會影響師生關係。我只是查了課表，讓他知道我當天會過去觀課。

我是抱持開放心態去看的，雖然學生來投訴說沒學到東西，但其他教職員似乎也沒發現什麼問題，我知道這狀況很少見。至於觀課時要判定該堂課上得好不好，最佳方法不見得是聽教師在台上怎麼教，而是要看底下的學生，如果他們都非常專心，那通常是好現象。但是當我抵達教室時，學生都坐在位置上，筆記本打開，筆也擺好了，但似乎很困惑到底該在筆記本裡寫什麼。我看現場確實是一團亂，正如男孩們之前描述的。馬丁向學生同時示範三個正在進行的實驗。我站在一旁看他東奔西跑：教室的一個角落，他正在解剖肺臟；在另一個角落，他用本生燈示範不同的金屬離子；而在教室後方，他擺了一株植物、一些水和明亮的燈光，以此解釋光合作用。我觀察全班學生，他們的目光必須隨老師東奔西跑，頭要轉來轉去，好像是在看網球賽，而不是平靜的在GCSE課堂上學習。

「你們上課一直都是這樣嗎？」我低聲問坐在旁邊的女孩。

「對，」她小聲回答，「紐頓老師很瘋狂。」

我問可不可以看她的筆記，結果和男孩們的差不多，不過她多了一些內容。我問她那些地方是不是老師上課教的。

「不是，」她說，「那是我回家自己去查的，因為紐頓老師在課堂教的我聽不懂。」

這可不妙。

我繼續觀課。我不能否定馬丁的熱忱，他甚至跳上工作台來強調某個重點，然後跳下來示意學生靠到本生燈旁邊。學生圍著他，看他生動講述所示範的內容。但我不敢相信眼前的景象，因為馬丁和學生都沒戴護目鏡。雖然老師確實成功吸引學生的注意，大家也興致勃勃的看老師示範，但這完全不符合健康安全準則。

我再也無法忍受，於是謹慎的走近馬丁並對他說，「恐怕要請你暫停一下課程。我們可以到教室外談一下嗎？」

他關上本生燈，跟我走出教室，其他學生則回到座位上。我一隻腳放在門內，防止門關上。

在走廊上，馬丁顯得很慌張且歉疚。

「真的很抱歉，我……」他開口。

「沒關係，」我小聲說，「但你知道為什麼我得打斷你的課嗎？」

他看著我，似乎不確定該從何說起。

我開始逐一列舉缺失，「學生沒有戴護目鏡；你爬到工作台上；同時有三個實驗在進行……」

他用手抹了抹臉。

「你希望學生學的到底是什麼呢？」我問。

「呃……我……嗯……」

「老天，那樣很蠢。」我說，然後我倆哈哈大笑。

我跟他約隔天早上到我辦公室談。我們雖然輕鬆大笑，但坦白說，我對自己在教室裡看到的景象極度憂心。

為提升教學品質盡心盡力

女人一旦成為母親，人生就面對排山倒海而來的艱難選擇：她們得用同樣的精神與活力維繫努力了大半輩子的工作，同時又要滿足小嬰兒的每項需求。我為了維持平衡而加倍努力，消除別人對自己當媽後會改變優先要務的成見。或許我也是想證明自己還是同一個人，並沒有改變。

我把鬧鐘時間往前調，天色未亮就起床，既能把寶寶一天的東西準備好，又可以比學生早到校。我很幸運找到很棒的保母，爸媽也住得近，隨時可以支援。但仍有無法切割兩種身分的時候，所以在期中假期時，我會帶著蘇菲亞到學校，一邊盯學生的作業，一邊背著她哄睡，或是搖著她的嬰兒車。

生完老大後十五個月，安娜瑪莉亞也來到這世界。這次我工作到預產期前一週，非必要絕不錯過任何學校時光。我不只把另一個生命帶到世界上，也看著自己鍾愛的第一屆導師班考GCSE。

我第二次產假結束後，學校有許多人事異動，隨著潮流轉變，學校管理團隊（senior

leadership team，簡稱SLT）內出現新的機會。我申請新設立的「學習成就指導主任」職缺，該職位負責所有第三階段（Key Stage 3，指十一至十四歲、七至九年級）學生的學業成就與身心健康，加起來將近七百人。這是我職涯裡最具挑戰性的工作，但那些年校長瑪姬．拉斐對學校的夢想實現了，我們被英國教育標準局評鑑為「特優」學校。學校為所有教職員辦了餐會，大家一起慶祝，旗幟在校門口飄揚。在瑪姬的領導下，一所衰敗的學校從谷底翻身，振奮了整個社區的精神。以前讓自己孩子讀行政區裡最爛學校，並為此感到丟臉的家長，現在送孩子進學校時都與有榮焉；學生領帶打得更正，襯衫也都塞進褲子裡，那種成就感是有感染力的。學校就像燈塔一樣鼓舞人心，傳達了改變永遠不嫌晚的訊號。

三年後又有另一波人事異動。瑪姬一如往常，積極的為教學團隊注入活力。我發現自己成了「教師專業發展主任」，這次不是要輔導學生，而是協助他們的老師。這職位對我來說再好不過，因為可以跟其他學校接洽，找出我們教學問題的解決方法；如果戲劇科有狀況，能夠請求別校的典範教師支援，協助我們改善，反之亦然。我負責所有的NQT，甚至要幫助自認陷入困境的資深教師重整教學。

不過，這工作的缺點就是待在教室的時間變少，和最重要的學生相處時間也跟著變少。我一週的授課時數減少到只剩四〇％，但升職意味著我更多為學生的人生帶來影響，所以我覺得這代價是值得的。

瑪姫帶領學校轉型為合作學院，這表示學校經費不再從地方有關當局而來，改由政府直接挹注。這樣能給學校及其管理機構更多權力，決定學校該如何經營。但是在瑪姫離開學校後，三年後的英國教育標準局視導審查，卻把我們一路降到「待改進」等級。我們對此感到很納悶，畢竟全校上下是那麼努力的工作。

新任校長吉拉德．麥肯納（Gerard McKenna）決心東山再起。我仍負責教師專業發展，思考可以如何做出改變，於是引進了「週一專業發展工作坊」，每週在這一個小時裡，我會設計一套專業發展特製課程，讓所有教師一起參與。在這專屬的時間裡，教師可以提升技巧、修課精進自己、聽 Prevent 等機構的演講、參加測驗機構舉辦的研習。我們也運用這時間實驗不同類型的教學方法、實施行動研究方案，並且把教學策略、想法、理論實際用在學生身上，以此找出哪種方法在我們學校效果最好。

我擔任教師專業發展主任時，每天並沒有所謂的下班時間。除了睡覺時間之外，我都在接電話、回信，以及解決老師們的煩惱或給予輔導，總是忙到深夜。對我來說，提供我的手機號碼給老師是天經地義的事，他們可以任何時候打給我，週末也不例外，我一邊哄家裡的小嬰兒和學步兒一邊講電話，向老師們承諾會安排額外訓練，讓他們變得更強大，或是幫助他們精進備課能力。

或許是老師最終感覺校方有在他們身上投資，就像我們對學生所做的一樣，全校的教學品質愈來愈一致，學生也更有信心，因為他們在每堂課看到的策略都是一致：學生的任務就是好好學習。

我想要為我們學校的努力申請外界認證，因此向倫敦大學學院教育研究院（Institute of Education，簡稱 IOE）申請他們的專業發展品質標章（Professional Development Quality Marks）。我努力確定我們學校做的一切都符合其架構，而進行專業發展的不只是第一線教師，也有後勤人員。

我們從 IOE 獲得的第一個獎是金獎；一年後升級到白金獎，而全國不到十所學校有這項榮譽。這種品質認證對來我們學校求職的教師相當重要，因為他們會知道我們不僅投資學生，也投資教職員。我知道這對我來說也很重要。

兩年後，我們在二〇一六年接受另一次英國教育標準局視導評鑑，獲得了「良好」等級，而在學校領導與管理方面獲得「特優」。我們止跌回升了。

教師需持續接受評鑑

馬丁的自然課是當天最後一節課，課後我立刻和ＳＬＴ開會。當我走進會議室時，他們從我的表情察覺到事情不對勁。

「我剛剛觀摩了一節這輩子最詭異的課。」我小聲對其中兩位ＳＬＴ教師說。其中一位也是自然科老師，所以我有機會與她確認該年級的課程內容，以及那種教法是否恰當。不過我已經覺得那很瘋狂了。

我的同事都很優秀，會議內容大多集中在幫我分析怎麼跟馬丁談，怎麼提出問題，以及之後的最佳方向。我們甚至做了角色扮演練習，讓我覺得比較有把握。

隔天我坐在辦公室裡，聽到馬丁敲門。他應該很苦惱，而且臉色很糟。顯然他反省了一整晚，並猜想自己會受譴責。

「請進，馬丁。請坐。」我說，然後站起來關上門。

我還沒回座位他就開始說話，「我很抱歉，安卓亞。我知道自己哪裡不對。」他再次開始解釋整堂課。光是聽他如何規劃課程都讓我感到頭暈。

「我很抱歉，我只是想說明我能做什麼。」

「但這不是為了我，」我說，「甚至不是為了你。一切都是為了學生。」

他點點頭並嘆了口氣。

「馬丁，你的活力和熱忱令人無可挑剔，」我說，「但我擔心學生們在這樣的環境下無法學習。你不能開時速一百五十公里的快車，你要慢下來，減到時速三公里。」

他頭低低的盯著大腿。

「但我有些想法可以幫助你。」

馬丁聽我提供意見。我覺得他規劃課程要加強，因此會配給他一位規劃課程能力很強的優秀夥伴教師巴席爾。

「你的學科知識很厲害，」我說，「我們只需要往正確方向思考，針對教學活動設計來改善。」

他離開時，我認為我們都覺得有希望多了。

馬丁和巴席爾接下來幾個月開始合作，努力完成我支援計畫所定的目標。我沒做什麼干涉，刻意不管太細，給巴席爾時間與空間為馬丁指引明路，讓他達成支援計畫的目標。在這期間，SLT其他成員也會去看馬丁的課，巴席爾則讓我知道計畫實行的最新狀況。

「他來找我的時候還不錯，」他說，「他有完整的規畫，感覺躍躍欲試，也接受我所有的看法和建議。但是當我去觀課時，他在學生面前的表現卻跟我們討論的完全相反。」

我答應巴席爾會再去觀課，而且是跟他一起去。我很希望馬丁經過兩個月和巴席爾的合作，可以有一些改善。

幾天之後，我們坐在教室後方，學生魚貫而入。我問巴席爾當天教學內容為何。

「光合作用。」他說。

但是開始上課後，課程內容和巴席爾與馬丁之前討論的截然不同。馬丁教的好像是力和運動，不過就連這點也不是很清楚。

我在快下課時離開教室，感覺很不舒服。我坐在辦公室裡，將頭埋在手中。我知道自己必須和馬丁談，而這次談話並不容易，我可能必須告訴馬丁，他的教師生涯到此為止。但為了學生，我不能不說。幾年來，我在學校裡好幾次得說出難以啟齒的話，有些是對學生說，有些更不自在的是向家長說。但是最為艱難的，莫過於告知同事他們不合格，他們的教學不夠好。我寧可不要有這些對談。但是我有自己測試的標準：我捫心自問，願不願意讓女兒被這老師教到。如果答案是否定的，那就不能避免去跟老師談。

在辦公室裡，我請馬丁坐下。

「馬丁，我很抱歉必須這麼說，但如果你繼續這樣下去，我無法讓你通過 NQT。你沒達到我期待你達到的進步。」

當下，他整個人好像縮了起來。

「我真的認為你該考慮下一步了。」我說。

我發現在其他國家，一旦成為合格正式教師就能隨心所欲、自行其道。某些程度我羨慕他們有自主權、決策權、以及與前兩者密不可分的尊重。在英國，教師並沒有受到相同的信任；與我們 GCSE 學生成績有關的決定，並不是由我們評估，而是交給外部測驗單位。但另一方面，教師一旦進入學校執教，整個教書生涯裡都需要接受評鑑，這表示我們維持很高的教師素質。像馬丁這種老師應該要有人監督，否則受害的就是學生。離開師培學院之後，每位進入學校的NQT都要通過三個學期的考核，才能被視為專業合格。如果他們沒有通過而被排入支援計畫中，紀錄都會留在個人檔案裡，無法抹滅。所以當我們知道某教師不可能通過時，都會特別跟他們說明，他們才能重新評估自己的選擇，或是在完成正式資格前擔任代課老師，獲取更多的經驗。如此才能確保教師在完成師培課程後，隨時準備好要進入教室，因為每間學校的環境往往和PGCE畢業生的想像不同。

在第一年任教期間就完全放棄的教師為數不少。根據教育部的統計資料，二〇一七年進入職場的NQT中，有一五．三%隔年就不再當老師，也就是說，每七位新老師，就有一位在任教第一年放棄。根據倫敦的財政研究機構（Institute for Fiscal Studies）提供的數據，這等同於約莫九千萬英鎊的師資培育花費損失。原因很多：也許老師與任教的學校不適合；也許老師沒得到期望中的學校支援；也許老師就只是還沒準備好面對學校環境的真面目。

這是我必須和馬丁談的事。他需要更多經驗，這點他也接受。

「很感激你的建議。」他說。

「我不希望你失去信念，」我解釋，「你很有領袖魅力，對自然科也有滿腔熱忱。你受到學生喜愛，也把學習變得好玩，但是沒有遵守課程的規範。」

隔天，馬丁遞出辭呈。雖然失去一位教師非常可惜，但是我們必須為學生著想。

幾年後馬丁和我聯絡。後來他依照我的建議去做，先擔任代課老師累積經驗，之後回到學校通過NQT。如今他在南倫敦的學校服務，表現相當出色，我就知道他有那樣的潛力。

教學風格與學校方針的平衡

我們學校屬於大校，有超過兩百二十名教職員，因此那種難以啟齒的對話是免不了的。有些教師（像馬丁）若能理解你是衷心在給建議，好幫助他們改善教學，給學生更好的學習經驗，那麼對話就還算容易。

我自己也常是別人批評的對象，所以知道那種感受。在教書第二年期間，我碰到英國教育標準局做特定科目視導評鑑，一位校外評審進我的美術教室觀課。不論一位教師能力多強，在被觀課時都會覺得有壓力。我花很多時間安排課程，確定已經規劃到完美的程度。進到我教室的評審留著大鬍子，長髮綁成一個髻盤在腦後，他看起來十足就是個藝術家。課程結束後，他向我表示相當喜歡這堂課。

「但是你有注意到自己說話時常尖叫嗎？」他說。

「沒有，」我回答，「我沒有注意到這點。」

「有哦，」他確認筆記並繼續說，「尤其是講到忘我的時候；還有你語速太快，所以學生在某些地方可能會搞不清楚。」

當然，他也講了很多優點，但我都沒聽進去；畢竟注意被批評的缺點是人之常情。他還說我的講義影印品質不佳。從那天起（十二年前），我會確定每張講義都有護貝。

不管我們是十五歲還是五十歲，都會因為尖銳的批評而感覺刺痛，而有些教師比學生還不能接受批評。因此，我會非常注意跟ＮＱＴ說話的用詞。我會建議他們，「再想想做這個或做那個的方式」，或是說，「你為什麼覺得那位學生會這麼做？」我盡量協助他們自己分析問題，但事情總不盡如人意。

戴文德・桑賈來學校時，我還把她誤認為學生。她大學剛畢業，穿著黑色短裙和靴子，露出一雙細腿，戴著很酷的褐色粗框眼鏡。我正想開口問她怎麼沒穿制服時，她信心滿滿的介紹自己是學校的新進數學教師。

「哦，歡迎。」我跟她握手，想掩蓋自己對她外表的訝異。

桑賈老師通過她 NQT 的第一學期，不過那只是開始。問題從第二學期開始出現。有天我經過她的教室，從窗戶望進去，看到學生們亂七八糟，幾個男生離開座位走動，幾個女生轉身跟後面的同學說話。教室既吵鬧又混亂，而桑賈老師背對著學生寫黑板，對教室狀況毫不知情。

我打開門走進去，男生們馬上回座。

「哈囉，老師，」我說，「學生今天在學什麼呢？」

「我正在黑板上寫教學目標。」她說。

我彎腰檢查離我最近學生的課本，上面什麼都沒寫。

「今天要學什麼呢，約翰？」我問。

「呃，嗯……」他回答。

「哦，拜託，約翰，」桑賈老師說，「我們才剛講過。」但對我來說這已很明顯，如果學生說不出來，就代表老師說得不夠清楚。

隔週我去觀課，就坐在後面看學生進教室，聊著天，離座走來走去，教室前方的桑賈老師，在自己的桌上蹺腳，上課前十五分鐘一邊點名，一邊跟學生聊昨晚《東區人》的劇情。

那天稍晚我在自己的辦公室，委婉告訴桑賈老師，她沒有致力於提供最好的學習環境給學生。

「上課一開始，最好讓學生安靜在門口排成一列。」我說明，而她打量著我的辦公室，「然後在學生進教室時，如果他們還不聽話，就把名字寫在黑板上。」

「哦，我不相信管教學生那一套。」她說。

我盯著她看，不確定自己有沒有聽錯。她言之鑿鑿令我頗為震驚。

「我偏好讓小孩能表達自己，」她強硬的說，「他們都是獨立個體，有權做自己。」

我以前也遇過抱持這看法的老師；有些老師覺得要當學生的朋友而非師長，才能激發出學生最好的一面。

「但問題是，你的學生沒有在學習，」我說，「教法確實各有千秋，我也沒要求大家都要一樣，可以天馬行空，可以刺激有趣，可以實驗性質；但如果我走進教室，會需要能理解教室的活動。你的學生並不專注，他們完全分心了。」

「那不是我的教學風格。」她說。

我知道自己得嘗試其他更清楚的說法。

「我希望你遵守學校方針，」我說，「如果你不這麼做，就沒有按照程序走，學生的學習將會產生不一致。」

她不情願的答應後離開我的辦公室，但我不認為有說動她。我不想緊迫盯人，所以我知會她的輔導教師，讓他們自己處理。

然而幾週之後，她班上看過我進出教室的幾個學生來找我，問我能不能談談。

「老師，我們在班上沒學到東西。」他們說。

他們是用功的學生，除了擔心老師的教法外，還有其他部分。

「我們真的覺得她的穿著讓我們不自在。」其中一個男孩說。

這更加棘手了。在學校裡怎樣的衣著是合適的，應該要有共識才對。班上這些學生對哥哥姊姊不恰當的衣著可能看習慣了，但對老師則不是如此。

我再次前去觀課，但情況並未改善，反而變得更糟。桑賈老師完全無法掌控班級。她採取輕鬆放任的方式，但和其他課比起來，學生只覺得沒人管自己，並且把這堂課視為「耍廢課」。一致性對學生來說很重要，如果全校教師採取同樣的方針，管教與評分標準一致，對學生的學習將有所助益。如果每位教師都這麼做，對全體老師都有幫助，因為學生知道課堂的規矩，教師就可以專注在教學上。但這班學生已失去對桑賈老師的尊重。不只如此，我還察覺到桑賈老師的轉變。她熱忱不再，對這班的課程不再投入，感覺很沒勁。此外，她的到課狀況也漸漸出問題。我們決定追蹤該堂課，結果發現桑賈老師在要去那班上課的日子，都會固定搞失蹤。我再次請她來辦公室談。

「我們注意到你有那堂課的日子都會缺課。」我告訴她。

「我受不了了！」她整個人崩潰道，「我不喜歡教書。我還以為不是這樣，師培課程的時候不是這樣的。不管我怎麼做，學生就是不聽。」

「你試過我給你的那些建議嗎？」我問她。

「試過，但都沒用，學生就是不聽課。我不想再當老師了，目前正考慮轉行。」

雖然我不願這麼想，但她的決定是正確的。大概是我們學校不適合她，也許遇到適合的學校她將如魚得水，可能是私立學校或特殊學校，但主流、市中心貧民區的學校絕對不適合她。我最後一次得知桑賈老師的消息，是聽說她在倫敦的會計事務所任職。

勇於對話，提升教師專業

如果我夜裡失眠，通常都是因為隔天要和同事（而不是跟學生）談那些難以啟齒的事。教書是門藝術，並非每個人都做得來；這關乎個人，因為站在講台上的就只有你，你也得使出渾身解數，說服一群小孩愛上自己任教的科目，因此任何批評也會讓你覺得是針對自己。

我遇過很多老師都不能接受那樣的批評。很多人在我面前情緒崩潰並怪罪學生，而非反省自己。有位老師多年間教學表現不力，還反過來指控我霸凌他，請工會監聽我們的對談。還好我曾提供他許多協助與支援，讓他改善教學品質，而這些都有文件紀錄。不過那次事件讓雙方都承受極大的壓力。

教師不但要對學生負責，還要保持高度的專業水準，這是至關重要的。如果課堂上學生不守規矩，成績自然會往下掉，就是這麼簡單。有些老師把班級治理得服服貼貼，而隔壁的教室卻吵吵鬧鬧，同事管不住，這樣對老師們並不公平。我們的標準必須一致。說到底就是一句老話：如果課程對我自己的孩子來說不夠好，那對其他學生而言就是不夠好。

不過，在我和同事那些棘手的對話中，仍有值得高興之處：教職初期需要額外支援的同事，後來在其他學校成了很會激勵人心的學年主任。我特別記得一位同事，她是數學老師，對自己的專業相當有熱忱，但她講話很快，學生都跟不上。我很溫和的提醒她這點，她也問我如何改善溝通技巧。我提供了一些訣竅，例如解釋概念時如何刻意放慢速度，如何核對再核對學生的反應，確認他們都聽進去了，或是讓學生重述，如此就能確定理解程度。這方法相當有效。之後她升任為學校的中階主管，我實在以她為榮。

11

全球教師獎：捍衛藝術教育

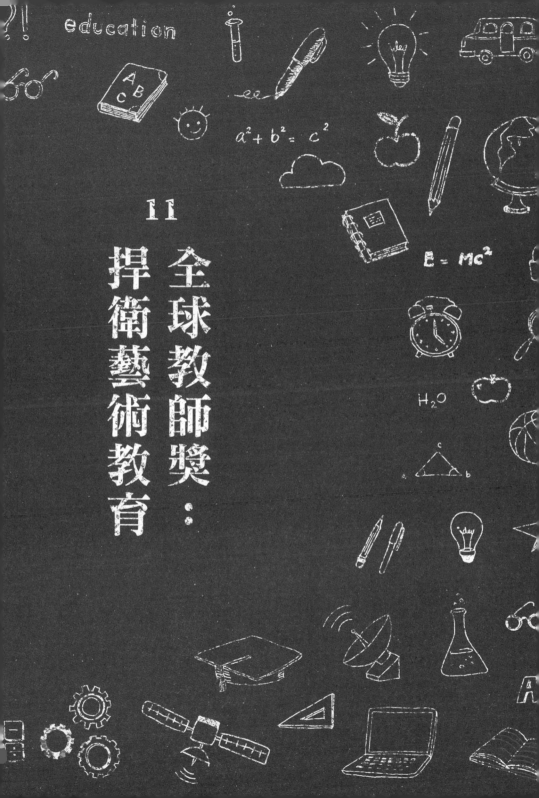

因緣際會角逐全球教師獎

教師的工作總是圍繞著學生轉，我們或許會因為忽略同事而感到慚愧。老師們的心力都太專注在孩子身上，每天忙著處理他們的大小事，以至於忘了要恭賀彼此的成就。二〇一七年有位前同事聯絡我，說想推薦我角逐全球教師獎，我對此十分驚訝。由於我從來不知道這個獎，聽他提起時也沒時間好好去查，所以直接認定此事不會有下文。幾週後他又聯絡我，問我有沒有收到該單位的消息。

「沒有。」我回答。

當時我眼前有更緊迫的事。經過十五年，約翰和我終於要結婚了。所有事情都是我一手規劃，就連設計婚宴上的名牌和安排親戚從希臘飛來，也都被我包辦了。但到了婚禮前一天，一封電子郵件出現在我的收件匣，提醒我午夜前要回覆提名。我那時才發現，他們之前聯繫我的信件全進了垃圾信件匣。

婚禮前一晚，我一邊拿針線縫約翰的褲子，一邊回覆關於獎項的電子郵件。教師獎人選要符合兩項特定資格：一，教師本身表現卓越；二，教師支持且讚揚教育界的同事。幸好要回答的問題很普通（因為我也只有幾分鐘可回答），像是：請說明你的教學如何引出學生優良的表現，並提供佐證；詳述你使用哪些策略，為學生在課堂與課外推動創新有效的教學實踐；請分享你如何致力於改善教育專業……

我快速為每個問題寫了兩段答案，但有一題特別吸引我的目光：如果你贏得此獎，會如何計劃在短期及未來十年間使用獎金？

我去查詢獎項細節，發現獲獎者會得到獎金一百萬美元。此前我完全不知道。

但是這一題太好回答了。

在我的教職生涯中，目睹學校預算每年被縮減的狀況。此話並非空穴來風，還有數字可以證明。在二〇一九年，由六個工會組成的聯盟 School Cuts 曾做過分析，發現到了二〇二〇年，有八〇％學校對每名學生的實質資助會比二〇一五年還少，而預算縮減影響最大的就是藝術類科。二〇一八年 BBC 所做的調查指出，十所中等學校中，有九所刪減了至少一門藝術類科的時數、教師編制或設備，因為他們被迫把 EBacc（英國中學文憑制度）放在第一位。教育政策研究院（Education Policy Institute）的研究指出，學生選修至少一門 GCSE 藝術科目的比例下降了。二〇一六年比率降到五三・五％，是十年來最低。然而，創意藝術是英國經濟最快速成長產業的一部分，二〇一七年貢獻超過一千億英鎊。但如果學生不在學校鍛鍊技藝，未來的創意人才從何而來？研究也發現，創意經濟有八七%工作不容易被機器取代，甚至是無可取代；相比之下，其他工作只有四〇%[6]不容易被取代。那麼，為什麼我們不讓孩子能勝任未來職場的工作，而要訓練他們做那些將來會被機器取代的工作？

我在學校的行政層級愈高，就會參與一些會議，其中SLT會被要求做出艱難的決定。每年都一樣：我們只有這麼多，但我們需要那麼多，所以哪些要捨棄？

學校始終在苦苦掙扎，因此藝術類科常被視為非必要的多餘科目。學校接受評鑑以決定最終的補助，是看英文、數學、自然等核心科目；談到經費怎麼分配，這些科目永遠排第一順位。雖然學校課程近年來朝寬廣而均衡的方向發展，卻仍與英國教育標準局加諸學校的期待相牴觸，也就是說，他們大多數人應該還是走EBacc路線。但我參加的那些會議必須決定，是否需要進行校外教學，這也許是學生時代最難忘的回憶，但是對課程導向學習並沒有加分作用。學生的身心健康為了課業發展而被犧牲；受害最深的是住在貧窮地區的學生。

我有些朋友把自己小孩送去讀私校，每年花數百甚至數千英鎊在課外活動上。這些中產階級小孩較容易享有學習才藝的機會，例如小提琴、打鼓、課後畫畫社團、舞蹈、曲棍球、網球、空手道……不勝枚舉。但為何不能讓所有孩子都有這些經驗？為什麼他們不能都有機會去藝術畫廊，聽參觀者討論一幅曠世巨作？或是站在環球劇場觀賞莎翁名劇？以前我們學校能補助學生上音樂課，但現在不行了，因為預算不足，而許多家長也沒錢讓孩子學樂器。在類似阿伯頓這樣的學校裡，有多少未來可能的鋼琴家或作曲家，苦無機會發現自己潛藏的天賦？富人和窮人間的差距極大，我曾親眼目睹，不論在會議裡或與學生互動中，這都在職場上演著。由藝術組織「創意倫敦」（Create London）與慈善組織「急思廣藝」（Arts Emergency）於二〇一八年發表的研究發現，出身勞工階級的人，在出版界工作的比率只有一二．六％；在電影、電視、廣播界的比率只有一二．

---

6 資料來源：Hasan Bakhshi et al, Creativity vs. Fobots: The creative economy and the future of employment, Nesta, 2015。

四％；在音樂、表演藝術和視覺藝術的比率只有一八・二％。藝術這產業由中產階級主導，因為他們的小孩才有辦法接觸此領域。

但我常看到孩子接觸藝術的正面影響。就如前文所述，我見過孩子從緘默或創傷中解放，靠的就是在畫布上揮灑顏料的力量；我見過來自最弱勢家庭才氣縱橫的孩子，繼續上大學讀藝術，因為免費的學校社團讓他們有機會學習；我見過特教學生用圖畫表達自己，突破文字的限制；我見到學生們漸漸有了自尊，在美術教室中找到歸屬感；我見到七年級學生坐在十一年級學生身旁，兩人因為善於美術而能彼此溝通，建立志同道合的友情；我目睹孩子信心與溝通技巧進步，在學校其他科目也跟著往前邁進；我見到孩子更快樂。

在我們這種大校，每個孩子都是孤魂，直到他們找到歸宿，也就是他們真心喜愛的事物。從那時開始，他們就能跟其他孩子連結。

這群孩子裡，有些從來沒用過壓克力顏料，也沒做過絹印、馬賽克拼貼，更沒學過刻版畫或攝影，許多孩子家裡甚至連筆和紙都沒有。但是我見到學生在我主持的藝術工作坊裡大放異彩，因此，我的夢想始終是提供更多工作坊給這種背景的孩子，讓他們在藝術領域裡培養更多技巧，有更多時間修正作品。我不只是為自己的學生開設藝術中心，也是為這一區所有的學生。我就這麼寫，然後寄出。

接著我就把此事拋諸腦後，結婚去了。

一路過關進入決選名單

快要兩個月後，我收到瓦爾奇基金會的另一封通知信，說我進入五十人初選名單，而那是我第一次仔細看他們的網頁。我不敢相信所看到的內容：該年度這獎項收到來自一百三十七個國家的三萬五千份申請。

基金會聲明，他們信奉有教無類的優質教育，內容提到：透過在全球的活動，我們見到好老師如何改變學生的人生，甚至是改善整個社區……我們相信教師對全球的未來至關重要。

全球教師獎每年頒發給一位在教師崗位上有傑出貢獻的卓越教師。我點進去看之前的得主：收養自己學生的偏遠因紐特部落教師；協助處於暴力下兒童的巴勒斯坦教師。

讀過這些了不起的教師事蹟後，我確信自己毫無得獎機會。來自倫敦公立學校的美術教師？實在不太可能。在眾多優秀教師中能夠進入初選名單，對我來說就已經是無比的榮幸了。

那週學校裡的大家都很興奮。我們校長吉拉德．麥肯納在校務簡報會上提及此事；布倫特一家地方誌來學校訪問我。專訪出刊的那天，我媽跑到圖書館搜刮了所有地方誌，以便拿去發給教會的朋友。

我還是沒想過自己會進入決選名單，但媽媽一直說，「Anodera，安卓亞。」意思是：事情還沒完。

兩個月後，也就是二〇一八年二月，瓦爾奇基金會聯絡我，要安排當週的週五下午四點用 Skype 視訊通話。八年級家長會是四點半開始，所以這時間剛剛好。但我從沒用過 Skype，所以在學校辦公室裡設定手機，並請幾個朋友在三點半和三點四十五分時幫我測試連線，好確定一切準備妥當。到了四點，電話準時打了過來，這是和基金會主席的非正式聊天，我表示很開心自己能進入前五十名。

「我們下週要宣布前十名。」他說。

「哇！祝大家好運。」我說。

「我們希望你在榜上。」

此時我尖叫出聲，而手機也掉到地上，當我撿起來的時候，視訊那頭每個人的畫面都是顛倒的。

「該死，該死，哦，我的天啊！」我說，同時想把畫面轉正。

他們請我先保密，並表示四天後會正式宣布。我同時得知獲獎者將於下個月在杜拜的頒獎典禮上宣布。聊到四點半，我得出席家長會了，但臉上的笑容完全藏不住。稍早還被我列入觀察名單的學生，突然都得到了滿滿的稱讚。

正式宣布決選名單時，我人就待在曼徹斯特的旅館房間裡，等著隔天上《BBC早餐》受訪，直到午夜都沒有入睡。網站公布了決選名單，並且放上其他入圍教師們的事蹟。每位教師的故事都好出色：一位哥倫比亞教師將青少年懷孕降為零；一位南非行動主義者和上百間學校合作改善識字率；一位澳洲校長創了自己的YouTube頻道教小孩數學；一位比利時教師安排六十六個國家的兩百五十所學校參與氣候研究專題。我讀著每位入圍者的故事，不禁感動哽咽。我沒有拿自己去跟他們比較，畢竟大家都如此不同，我怎麼能？我反而很興奮將在杜拜的頒獎典禮遇到他們。等我終於躺到床上時，半夢半醒間腦海裡仍縈繞同一個問題，「為什麼是我？」

站上講台，分享學生的生命故事

隔天早上，我的人生完全改變。從國內外而來的訪問邀請讓我應接不暇，甚至連希臘和賽普勒斯的電視台都來學校拍攝。我跟媽媽說自己要去杜拜參加頒獎典禮時，她告訴約翰，她和爸要跟我去。

「你留在家裡照顧小孩。」她這麼告訴約翰。

還好，約翰已被他的希臘丈母娘欺負習慣了。

我想，我的故事之所以會吸引國際媒體的注意，是因為多元文化的元素。許多學校從未面對過如此廣泛而不同的文化，但如今很多國家都必須面對移民湧入，而我被譽為成功案例的代表人物。我花時間學習多種語言的基本用詞，好跟家長學生打招呼；我去了解每個家庭的生活方式；我不認為這些不同的文化一定要來適應我們，我們也可以跟他們學到很多。對我來說，這些都是我的日常，但媒體覺得很不得了。除此之外，我也捍衛藝能類科，這些科目很少獲得認可，但我們在日常生活中都享受著藝術的美好。

我媽弄了一本剪貼簿，裡面蒐集關於我的每一篇訪問。在希臘，有人甚至用我的名字為道路命名，還寄了佐證照片來，當然那也直接收進媽媽的剪貼簿裡。學生喜歡看到我上電視，我一夕之間成了他們眼中的名人。

我的校長不遺餘力的給予支持。他晚上會打電話到我家裡，確認當天的訪談是否順利，或是給我意見，該如何面對記者或政客。當時有他這樣的顧問真是求之不得。他總會看我需要哪些支援，而請其他同事幫我代課，或是協助其他學校事務。不管進入決選對我來說有多美妙，我知道這對大家也是很大的干擾，包括學生，我由衷希望不要對他們課業成績造成影響。最後，學校請了兼課資深教師來代我所有的課和行政工作，花了大筆經費支持我。

媒體的關注持續了整整兩週不間斷，當熱度開始降低之際，我也準備到杜拜出席頒獎盛事。不過這不只是頒獎典禮而已，「全球教育與技能論壇」(Global Education & Skills Forum)同時在那裡舉辦，這大型的全球會議將有世界各國的教育部長參與，還有其他教育圈的領導者，以及最重要的角色：教師。我回想自己完成師培課程的中產階級學校，還有多年前我是怎麼決定要留在像阿伯頓這樣的舒適圈裡。之後幾天，我要上台演講及出席座談會，但我不知道這些人想聽我說什麼。他們都是各個領域的專家，我到底能教人家什麼？

我出席的第一場座談，與談人有藝術家麥可．克雷格—馬丁（Michael Craig-Martin）。「哦，我的天，我有跟學生教到你，」我興奮得手舞足蹈。

主辦單位要求我說一件啟發自己的藝術品，並且闡述原因。現場有上百位聽眾，此時，我說出畢卡索《哭泣的女人》對我的意義。

那一刻，我好像又回到凱德老師的教室，見到她在窗台上擺的紅色天竺葵盆栽。牆上有張海報，邊緣破破爛爛還翹了起來，被幾片貼土固定在油漆牆面上。

那幅畫出現在我身後的投影幕上，我告訴聽眾，「我以前不喜歡這幅畫。小時候我覺得很恐怖；女人綠色的臉讓我想到《綠野仙蹤》裡的邪惡女巫。我不知道老師為什麼要把畫貼在教室裡。但我上中學時，有一次的作業是要我們看一幅畫並寫心得，我決定選《哭泣的女人》。當時我只知道這幅畫很有力道，畢卡索要捕捉女人眼淚的流動，他想要用筆刷在紙上畫出情緒，這是用文字難以傳達的。我慢慢愛上這幅畫。我現在會教小孩立體派，知道自己的職責就是以生動鮮活的方式，將這些畫作帶給學生，並且賦予其意義，讓學生產生共鳴。」

我停頓並環顧四周，希望大家都有在聽。然後我分享了亞力士的故事。這個有嚴重讀寫障礙和整天搗蛋的男孩，到了十二歲還不會讀也不會寫，可說是每個老師眼中的頭痛人物。

「但當我教他立體派時，給他看畢卡索《哭泣的女人》，突然，連結出現了。」投影幕上的下一幅畫，是亞力士在課堂上的立體派作品。此時我聽到現場的大家倒抽一口氣，我都還沒說那是亞力士畫的呢！而他在課堂上獲得的讚賞，就此改變了他的校園生活。

「這就是藝術的力量。」我說，接著回到自己的座位，而聽眾站起來鼓掌。我不好意思的環顧現場，不確定他們的掌聲究竟是給我的，還是給亞力士的，畢竟他才是這場表演真正的明星。但至少我了解到大家想聽什麼。他們想聽學生的故事；他們想聽像我這樣的教師，日常面對的真實故事。

隔天我必須教一堂課。那是我在杜拜期間感覺最自在的時刻。我擔心所要求的用品會開天窗，所以自己裝在行李箱裡帶來：花藝紙膠帶、鐵絲和氣球，這些又讓我回想起實習的第一天，我帶著一袋鉛筆、橡皮擦和尺到學校。

不同國籍的專家來上我的課，其中包括埃及的教育部長。因為我們沒有共通語言，所以我教大家用我帶來的材料做花。即使是大人，在完成作品時所露出的笑容，也都和孩子一樣單純。不管你幾歲，沒有比動手創作更棒的事了。

將榮耀獻給每一位老師

頒獎典禮前幾天的晚宴上，我遇到所有的入圍教師，馬上和他們建立起情誼，畢竟只有我們能了解入圍前十名的心情。每個人的故事都好精采，我深感榮幸能名列其中。我們一起去演講及出席座談會。到了頒獎的那一晚，任何人贏得這個獎項，我都會感到非常開心。

我很享受梳髮化妝，雖然不太習慣受到這種細心照顧。我穿著在布倫特十字購物中心買的洋裝，知道爸媽就坐在偌大的觀眾席某處。坐在第一排的我們，看著每位入圍者十分鐘的影片。看到好多英里外阿伯頓學生的臉龐，我泫然欲泣。最後，我們受邀上台等候宣布獲獎者。這場精心策劃的典禮豪華莊重，我們看著螢幕，路易斯・漢彌爾頓（Lewis Hamilton）載著獎盃穿過大街，一路開進大會攝影棚。南非喜劇演員崔弗・諾亞（Trevor Noah）上台宣布獲獎者。但我們所站的位置有點難聽到他的聲音。因此，當他向觀眾宣布我的名字好幾秒後，我完全不知道自己得獎了。

入圍者之一的艾迪轉過身，給我大大的擁抱說，「是你，安卓亞，你得獎了。」

我愣了一下才意會過來。接受事實後，我擁抱每位入圍者，彷彿他們是我還沒準備好要離開的安全網。

觀眾報以熱烈的掌聲，我走到台前。歡呼拍手聲蓋過我的緊張，我試著深呼吸，並且提醒自己要享受這一刻。我忍著不哭，希望自己的致詞擲地有聲、鏗鏘有力。我拿起獎盃，踏上講台，望著眼前如山似海的人群。

「想像是在學校朝會就好。」我對自己說。我準備開口，而面前有四千位觀眾。

我深呼吸，說，「這份榮耀，我想和倫敦布倫特行政區阿伯頓社區中學的同事與學生分享。」我停頓一秒，好像自己也覺得不可置信，「倫敦！」

觀眾歡呼聲四起。

「我也想和其他入圍者分享這份榮耀，他們全都很了不起；還有世界上所有的教師，因為今晚不只屬於一個人，今晚是要表揚所有教師，彰顯他們在培養下一代中所扮演的重要角色。」

我感謝我父母（並在觀眾席中尋找他們）、我先生、女兒、吉拉德校長（他也在現場）和我的朋友。

「我任教的學校位於布倫特，這一區有形形色色的文化，確實是世上最多元的社區。幾乎有半數居民都不是在英國出生，我們學校學生使用的語言總計超過一百種。」

「我們有很多學生在家使用的語言並非英語。社區裡很多孩子不幸住在比較有挑戰的環境裡，日子過得很辛苦，家裡很擁擠，有時不容易找到安靜的地方讀書。有些學生無法參加課後活動，因為爸媽在上班，他們要照顧弟妹。」

「但感人的是，不管他們在家狀況如何，不管人生有何匱乏，不管人生有多痛苦，學校是屬於他們的。我知道，如果我們學校可以在早上六點開門，五點就會有學生在外頭排隊，他們就是這麼驚人。所以身為教師，我們能做的，就是確保學校是個安全的避風港。」

全場鴉雀無聲。我繼續說，「我們也有學生家庭生活穩定，卻選擇來我們學校。那是因為我們學校崇尚多元，培育學生成為真正的公民，懂得彼此接納與欣賞。所以，我要告訴世界上所有的學生，不管你處在怎樣的環境中，不管你有什麼樣的煩惱，記住，不管你的夢想是什麼，你有潛力可以成功，那是你不容剝奪的權利。」

現場傳出掌聲。

「從小，我的夢想就是當美術與織品服裝教師。身為美術與織品服裝教師，我感到很自豪。藝能類科必須努力爭取在課程中占有一席之地，也要爭取經費；預算被刪的往往是藝能類科，這是不對的。」我停頓一下，說，「你們可以拍手了。」

觀眾大笑。

「藝術教導學生如何創意思考，對他們畢業後可能從事的工作很重要。藝術也教學生適應力與堅毅是美德。對我學生來說，藝術提供了庇護所，在這方天地之中，他們可以自由表達想法，認同自己的身分。我們知道，花比較多時間在藝術上的學生，在其他科目表現也更好。我的學生就是最佳證明，他們成長茁壯，看看我們擁抱藝術課程所帶來的結果。」

「這幾天，能遇到世上其他傑出的教師，我驚喜萬分。」

我轉身面對入圍教師並舉起獎盃。

「我要和你們及家鄉所有教師共享此獎，這是頒給我們每一位老師的。」

12

駐校藝術家：讓更多機會成為可能

點燃心中的小小火苗

贏得全球教師獎後的幾天，簡直就像陣陣颳來的旋風，難以完全捕捉於字裡行間。有迷人奪目的時刻：派對、名人專訪、高檔晚宴。我父母回英國後，世界各國媒體專訪輪番上陣，我上了電視，也見到仰慕多年的教育界前輩，非常不可思議。但是讓我掛心的，是回到希斯洛機場之後的事。我接到通知，下了紅眼班機就會直接被帶往唐寧街見首相，所以我聽從建議，打包一套衣物在手提行李中，等飛機降落後就能在機場廁所快速換上。我過了海關從入境出口出來時，聽到一陣歡呼聲，然後看到一大群人。我看了一眼手錶，才早上六點鐘。我有點疑惑，不太確定這群人是來接誰的機。突然間，我看到了約翰、蘇菲亞和安娜瑪莉亞，於是丟下手上的包包朝他們飛奔而去。

不只如此，在出口聚集鼓掌歡呼的那一大群人裡，有我爸媽、姊姊、弟弟、外甥女、朋友、校長、同事、地方議員、國會議員巴瑞・嘉德納，以及大約一百名我的學生，全都對我揮舞著海報。

「老師，老師，你成功了！」他們歡呼著。

我手摀住臉，立時淚流滿面，不敢相信這麼多人都是為我而來。

「我們為你感到驕傲，老師！」學生說，好多人也都紅了眼眶。

吉拉德告訴我，在頒獎典禮那晚，學校特別開放現場實況轉播。老師們告訴他，在我獲獎的那一刻，整個大廳都爆出歡呼與掌聲。

「他們不會錯過迎接你回國的時刻。」一位同事說。

我媽從一群人中走了出來，身上穿著印有我臉的 T 恤。她手上拿著用橄欖葉編織的桂冠，走過來戴在我頭上。我好開心回到故鄉，回到讓人心安的英國主場，回到我所愛的人身邊。

雖然我只想和他們相聚歡慶，但可以感覺到瓦爾奇基金會的人輕拉我的衣袖，提醒我首相正在等待。因此我跟大家不斷的擊掌告別，便前往西敏宮。

在唐寧街的對話（內容已概述於本書前言）點燃我心中的一把火。接下來幾天我反覆思索這件事，心裡覺得氣不過。這麼多年來政府一再辜負學校，刪減預算、砍掉藝能類科的重大開支，而現在竟要「我」協助「他們」招募新血教師。我雖然對政府的要求忿忿不平，但也相當焦慮，擔心自己說得太多，或許瓦爾奇基金會原本希望我可以禮貌的接受，擔任首相和教育大臣希望我當的代表人物。但我不行，在那個當下，對我這位布倫特出身的美術老師來說，我知道這是職業操守的問題。直到接了維卡司的一通電話，我的心才平靜下來。

「維卡司，」我開口，「我心裡覺得很抱歉……」

「為什麼？」他說。

我說自己一直在煩惱，覺得當初應該接受尼克．吉布的提案，還有不該發表那些對政府感到多失望的言論。

「別傻了，」維卡司說，「你表現超棒的。」

他打這通電話來，並不是要分析唐寧街事件，而有更重要的事要討論。在我獲獎隔天，我們曾在杜拜見面吃晚餐，那時他問我打算怎麼使用獎金。我分享多年來在自己腦海裡逐漸成形的概略想法，想要為市中心貧民區學校設立藝術中心，孩子們可以在那裡見到真正的藝術家，向他們學習。

「我們來談談怎麼付諸實踐。」他說。

如火如荼展開新計畫

一週後，我在瓦爾奇基金會的倫敦總部再次與維卡司碰面。他將我介紹給他的團隊，說這些人會跟我一起集思廣益，討論我究竟想成立什麼，幫助我讓夢想成真。

「我完全沒頭緒要從何開始。」我說。

「我們可以幫忙，」維卡司問我說，「你覺得對你和學生來說，哪件事情帶來最大的改變？」

我想了一會兒。

「小時候，我的美術老師會安排她的藝術家朋友來學校現身說法，解釋自己的作品。我覺得很有啟發，那讓我更有把握，相信自己將來可以在藝術界找到工作。我會因此更有動力和目標，想增加自己的競爭力，並且有一條可以聚焦的道路。我自己安排朋友或藝術家協助教學或展示作品時，也會看到學生有相同的反應，他們的眼睛都亮了起來，會問問題：從事這一行的感覺？你的客戶有誰？待遇好不好？」

桌邊的每個人都笑了。

「我就是想打造那樣的地方，一個非營利慈善機構，免費和學校合作，把這些人帶進教室，讓學生親眼見到，自己將來也有能力成為藝術家……類似駐校藝術家（artists-in-residence）的概念。」

「這個名字不錯，」維卡司說，「AiR。」

我們的會議進行了好幾個月，仔細且明確的訂定計畫、制定預算、人事編制，以及慈善組織的使命宣言。在這期間，我收到來自世界各地平面和廣電媒體的採訪要求。不僅如此，也開始有人邀請我去做激勵演說，地點不只在英國，還有智利、阿根廷、南非、美國及歐洲。

邀請我的不只有教育界，還有藝術界。突然之間，我成為聲援他們的人，為著財務與文化投資匱乏而發聲。我受邀前去參加一些很厲害的活動，像是皇家藝術學院（Royal Academy of Arts）的夏季畫展（Summer Exhibition），或者是與蛇形藝廊（Serpentine Gallery）的負責人會面，他直接幫我跟藝術家及重要的藝術界大使牽線。當我分享自己慈善組織的構想時，他們承諾會幫忙。我接到世界經濟論壇（World Economic Forum）的邀請，以文化領袖的身分參加他們在達沃斯的大會。

我在學校的信件盒被塞得爆滿，很難一一回覆每個邀請或每封道賀信。但是某個下午我坐在辦公室，注意到桌上那疊文件裡，有兩封沒開過的手寫信函。其中一封非常高雅，在厚厚的浮水印紙張上，以精美的書法字體寫著我的名字和地址。另一封是小小的藍色信封，上面是細長而歪歪扭扭的黑色字跡。我先打開這封。

「你可能不記得我了，」信開頭這樣寫著，「但我在你九歲時教過你。我是凱德老師的好友，她目前搬回紐西蘭了，但我想要寫這封信告訴你，我們都以你為傲。」信末署名是伊諾克老師。我當然記得她，她就是在我將伊布拉辛選為第一個棒球隊員時，稱讚我很棒的老師。我怎麼可能會忘記？我好感動，三十多年不見的老師，還願意花時間寫信給我，這就是師生關係的力量。

我小心翼翼拆開第二封信，不禁倒抽一口氣，因為掉出來的是V&A的年度博物館獎（Museum of the Year Awards）典禮邀請函，更棒的是，他們要我上台發表演說。

這些邀約縱然精采，但我還是想要上課，希望做好身為學校SLT一員的本分，不過實在分身乏術。我去跟一向支持我的吉拉德談，他不但同意我可以轉為兼職工作，還說我可以在學校租一棟建築物，做為慈善機構的營運地點。

採訪邀約讓我應接不暇，學校因此聘請助理來處理社群媒體，後來也負責規劃我的行程。

我知道這對學校和學生而言都是干擾，但其中也有精采的部分。劍橋公爵夫人凱特王妃在我獲獎後來拜訪學校，還花時間看了第六學級（sixth-form）學生的作品。她大學讀藝術史，所以對學生的作品相當欣賞。她對心理健康也有很大的興趣，而我與她分享，學習藝術如何大幅改善學生的心理健康，如何讓人從創傷中解放出來，或是讓緘默的孩子開始說話。

她離開之際，我把一件織物作品塞到她手裡。那是我珍藏好多年的白布刺繡，雖然樣式簡單，卻很美、很繽紛，有梵谷《星夜》的影子。我又多講了幾句話，告訴公爵夫人這幅作品的故事，那是努力跟心理疾病奮鬥的孩子所做。

「我明白這對你的意義。」她說。

「我們讓她熬過來了。」她臨走前，我肯定的補上這一句。

來自各方的踴躍支持

「駐校藝術家」這個慈善機構在二〇一八年六月開始上路。過去的幾個月，我參加許多晚宴，經人引見認識幾位傑出有力人士，例如梅爾文·布萊格（Melvyn Bragg）勳爵、藝術家馬克·渥林格（Mark Wallinger）和歷史學家西蒙·夏瑪（Simon Schama），他們全都出席我們慈善機構的開張典禮。

把一切從無到有拼湊出來的過程中，我學到了很多，雖然比較像是做中學，感覺如同邊造飛機邊開飛機，事情根本沒我想的簡單。但我衝勁十足，再加上瓦爾奇基金會的支援，感覺沒有辦不到的事。

我聘用學校為我請的社群媒體經理，協助我處理慈善機構的日常營運。我設立了董事會，學習行政事務，尋找新的捐款來源，招募願意和學校合作的藝術家。我的規畫更加明確：要將藝術家、音樂家、作家和其他創意人員，帶進需要他們的學校。他們會和學校認定最需要的班級合作，而整體目標是為這些孩子的校園生活注入活水，啟發並協助他們創作出足以自豪的作品。我的目標是從小處著手，先是在倫敦市中心貧民區的學校，慢慢擴大至整個大倫敦。第一年的重點是讓藝術家進入這些學校，再拓展到全國其他地方。合作的學校必須符合一個標準：該校至少要有二〇％學生有資格申請免費學校午餐，這樣我們才能確定學校位於貧困地區，而這些學生最需要我們幫助。我們的使命是提高藝能類科在教育裡的能見度。

典禮過後，捐款和願意協助的人非常踴躍。知名戲劇導演麥可．艾登堡（Michael Attenborough）報名我們的駐校藝術家，瓊．考琳絲（Joan Collins）的兒子、靠自己成為出色藝術家的亞歷山大．紐利（Alexander Newley）也加入。

不過出乎大家意料的是，某個單位也表示有意贊助。時任數位文化傳媒暨體育大臣的馬特．漢考克（Matt Hancock），其幕僚聯絡我，說他們目前想做和我的慈善機構類似的事情，也為此挪出一筆預算，想提供和我獎金相符的資金，也就是再挹注七十萬英鎊。我簡直不敢相信。這提案在我的教師生涯裡具有重大意義，表示政府認可藝術在教育裡的重要性，這是比錢更棒的事。我覺得自己在千里之外的杜拜贏得這獎項，終於說服政府「英國學生值得在藝術上有更多機會」，他們必須投資藝術教育，培育未來的藝術家、建築師、作家、舞蹈家、演員、服裝設計師，這訊息終於傳到了。我馬上回覆，感謝他們願意協助，並表明我願意盡全力促成此事。

然後，就沒有下文了。梅伊首相進行內閣改組，馬特・漢考克調離現職，我的機會也跟著他一起離去。先是幾週過去了，再來是幾個月過去了，事情沒有進一步的發展，杳無音訊，好像此事根本不存在一樣。

我難掩心中的失望，但當時也是十分忙碌。我們進入新的學年，也是慈善機構第一年正式營運，陸續接到倫敦學校對我們專案的興趣。他們帶著各式各樣的問題前來，有些學校是學生出席率低；有些學校有拒學症學生和毫無進步的特教學生；另一所學校則是針對EAL學生。

我忙著為這些學校配對並親自面試藝術家。我們收到了好多回覆，但並非所有藝術家都有教學經驗，他們不見得知道如何和學生溝通。

半年後，救生索來了：我收到教育部寄的信。他們想接續之前由數位文化傳媒暨體育部開啟的對話。那筆預算已轉給教育部撥放，他們打算繼續執行。這讓我大為興奮，那時距我獲獎已經快一年了，當下的生活和從前完全不同。有幾個月我做了三、四場國際演說，感覺自己花在機場的時間比在教室還多。但我利用這機會擬定教育部要我運用資金執行的實施計畫，他們需要事實、數字、機構完整的營運規畫。我們先從小規模開始，協助範圍在倫敦的學校，但教育部想知道我們擴大到英國其他地方的運作模式，這我可以理解。雖然我還沒準備好要跳那麼快，但如果他們因此才願意贊助同等的經費，我決定放手一搏。這代表好幾週的作業時間，原本我可以用這些時間申請其他補助，但我深信這努力是值得的，而且政府已準備好要投資藝術教育，這將會改變一切。

政府不做，我們仍要做

兩個月後，我交出所有他們要求的文件，對這強而有力的計畫很有把握，我深信計畫的模擬精確，而且有了政府的支持，學校終於可以扭轉局勢，不用再為了符合課程而把藝能科目看成雞肋。感覺彷彿透過我，每位藝能科老師的聲音都能被聽見，不論是戲劇、設計與科技，或者是舞蹈。

等待幾週之後，教育部寄了一封正式信函到學校，要和我討論這個計畫。我非常期待這場會議，因為終於可以實現夢想，改變全英國學生的人生。

我們在我辦公室坐定，對方清了清喉嚨。

「安卓亞，恐怕我們無法為你的慈善機構提供任何資助。」他說。

我不敢置信的瞪著他，是你們主動來找「我」的呀！

「我們的律師團建議，如果我們要投資這樣的計畫，就一定要招標，請其他藝術機構一起競標。不過，如果你願意協助我們寫甄選案，那麼……」

我怎麼會那麼天真，以為教育部會支持我們，以為他們很認同「駐校藝術家」所做的事情相當重要。是他們來找我的，我也花了好幾週準備書面資料，然後現在他們跟律師團談一談，就決定不能做了？

某方面來說，此事完全就是我當美術老師這麼多年的縮影。我們從來就不能倚賴政府的幫忙，這件事從來沒有改變。

教育部官員離開後，我花了一點時間才重整心情。但我心裡的火苗一旦點燃，決心要將藝術傳遞給學生，不管有沒有政府的幫忙，都不會善罷甘休。我拋開失望，將全副心力放到慈善機構上，尤其當我們把藝術家帶入校園後，我見到了他們跟學生合作帶來的好處。

麥可・艾登堡和一些全球首屈一指的劇場合作；他是阿美達劇院（Almeida Theatre）和漢普斯泰德劇院（Hampstead Theatre）的藝術總監，還是楊維克劇院（Young Vic）和西約克劇院（West Yorkshire Playhouse）的助理導演，多年來擔任皇家莎士比亞劇團（Royal Shakespeare Company）的駐團導演與執行製作。他出身知名的艾登堡家族，論資歷應該無人能及。然而，二〇一九年，他去東倫敦的中學教一群 GCSE 學生。

該校的戲劇教師聯繫「駐校藝術家」，因為他們迫切需要改革這科目。該校有兩班 GCSE 戲劇科學生，卻覺得要讓學生對莎士比亞感興趣很困難，這也反映在考試成績上。按照我們的標準來看，在該校的「學校發展計畫」之中，這確實是優先需要改善的一個科目。

該校也符合我們的標準：位於荷恩賽（Hornsey），此區獲得免費學校午餐的人數比例高，種族組成也很多元。某方面來說，難怪學生對《羅密歐與茱麗葉》沒有共鳴，感覺就是跟實際生活脫節的過氣劇碼。但如果有人能把莎士比亞活靈活現的帶給學生，那絕對就是麥可・艾登堡。

麥可總共去了學校三次，學生和老師都很喜歡他。第一次上課，他帶學生完整讀過

《羅密歐與茱麗葉》，花了超過兩個小時。他一邊對學生說書，一邊放投影片，那些都是他導過的《羅密歐與茱麗葉》戲劇製作著名場景，每張照片都可以把角色生動的呈現在學生面前，學生在幾分鐘內就被他收服。麥可負責教室牆面投影照片裡的每個小細節，這位執導過那麼多作品的人物，竟騰出時間來學校跟學生分享，著實令人敬佩萬分。

麥可在某些投影片上停頓，讓學生可以從各方面吸收。

「為什麼她那樣抓自己的手？那代表什麼意思？」麥可問學生，「為什麼她抬頭望著天空？她在想什麼？」

學生踴躍舉手。以前坐在桌前輪流讀著拗口台詞的學生，現在都渴望發言，說出自己對故事背後深意的看法，分享角色的想法和感受，以及他們能夠認同的主題與概念。

第二次上課，他讓 GCSE 學生演戲，要他們想像自己是真正的演員，而他用對待知名演員的方式去導演這齣戲。

「你的口吻是對的嗎？」他說，然後為其中一幕叫了暫停，「揣摩一下你在這一幕裡的感受。好好想。」

最後一次上課，他和學生一起排練整齣戲。此時學生對於對白的意思與情感都已探究過，與這科目產生前所未有的連結，而演出也大為成功。之後英文科馬上來信，想知道麥可何時還能到校指導學生。

我覺得很棒的是，在麥可的協助下，不只學生用嶄新的角度看莎士比亞，教師也跟著受益。我之前都把重點放在學生能有什麼收穫，沒想過教師其實也獲益良多。

早些時候，麥可也來和阿伯頓的 GCSE 學生上課。我坐在一個非常安靜的穆斯林女孩旁，包著頭巾的她抬頭對我低聲說，「老師，這是我上過最棒的課。我現在真的懂莎士比亞了。」

聽聞此語，夫復何求？

凡事都有可能

慈善計畫上路的第一個學年，我們在倫敦各校進行二十九個專案。所有來申請「駐校藝術家」合作教學的學校，都有其特殊原因。有些學校針對非裔加勒比男孩，他們在小學表現優良，但不知為何上了中學就進步緩慢。有些學校則是英國白人學生，上中學之後學習成就低落。經過資料分析，學校可以確認哪裡需要改善，我們的計畫就是想透過藝術來處理那些問題。

雕塑家艾利斯坦・蘭伯特（Alistair Lambert）受託去教一群北倫敦的拒學生。這群男孩總共十五人，分布在九年級和十年級，學校試過各種方法吸引（且留住）他們上課，但不知為何，他們對學校絲毫不感興趣。校方想申請藝術家入校開課，讓這群男孩創作出自豪之作，並且因此對學校產生認同感，覺得自己有歸屬感。

艾利斯坦不只是藝術家，還是人權與氣候變遷行動主義者，他認為讓男孩們自己決定想做什麼很重要。他們最近在自然課中學到魚骨頭，因此決定要用三天工期做個仿魚骨雕塑品。他們從垃圾場裡挖寶，找出舊家具可用的部分和回收的三夾板，然後拿起鋸子和電鑽開始組裝創作。對很多男孩來說，這件事不只是作品帶給他們的意義，還有在動手的過程中，艾利斯坦宛如父執輩循循善誘。此外，這創作給那些男孩留在學校的理由，讓他們有些動力來上學，不然總覺得學校沒什麼吸引力。

雕塑品完成後，靜靜矗立在走廊最顯眼的位置。男孩們每天都會經過，知道這是他們獻給學校的作品。該校校長告訴我，這創作為男孩們帶來正面的影響，他們的出席率提高了，也因為跟艾利斯坦相處而變得快樂多了。

這些專案課程不只對學生和老師有影響，也提供藝術家靈感及收入來源。藝術家增加了學生的自信，改善學生對接受教育的看法，自己也從中獲益良多，而這些都是將來創作的養分。最重要的是，和真正的藝術家合作，孩子在思考將來的職業選擇時，眼界會比較寬廣，我一向這樣認為，也有過親身經驗。孩子覺得在藝術界工作是個開放的選項，見到藝術家如何謀生，而自己將來也可能靠這行吃飯。不見前例，沒有動力，這句話確實可信，而我因此特別留意，讓專案聘請的藝術家不只有白人男性。

莎拉．皮門塔（Sarah Pimenta）是亞洲織品藝術家，她的對象是倫敦東南區學校的五年級生，他們為升上六年級感到焦慮，也在為中學做準備。校長希望他們這一路上能感受到學校的用心栽培，明白隨著功課增加，自己的表現也要更好。

莎拉去的學校和我的學校一樣有著多元文化，所以學生能跟與自己背景相仿的人一起創作，實在是很棒的一件事。他們要做一條寫著校訓的美麗橫布條，到時會掛在接待區。莎拉讓學生認真思考，校訓裡的每個字對他們有何意義。其中一個字是「群」，所以孩子們決定選樹當做底圖，強韌的根深入地底，吸收所有養分，同時又提供動物與昆蟲一個家。他們覺得樹可以代表學校。

老師精心選出需要加強自尊與自信的三十位學生，這些孩子從未被選入運動隊伍，他們很安靜，所以經常被忽略，被聲音大的同學蓋過。這些學生被分成好幾組，創作小動物和昆蟲，還有樹枝和樹葉。

這群孩子每天走進校門，見到自己製作的橫布條，該有多麼自豪啊！該校校長告訴我，幾個月後有位媽媽走過來告訴他，自從莎拉進駐學校後，她女兒變得很快樂。

教師見到自己的科目有嶄新樣貌，也有許多感觸。我看到他們調整課程，把觀摩藝術家所學到的訣竅與技巧融入教學中。

有一次，我帶英格蘭藝術委員會（Arts Council）的官員參觀我們學校，到九年級的織品服裝科觀課。習慣設計音樂影帶勝過在教室教書的藝術總監辛妲・米勒（Cinta Miller），一年前曾在我們學校為十年級學生開設工作坊，她回收舊衣，示範如何應用再造。一年後，當我踏入九年級的教室時，教師正在做相同的專題。

「我覺得辛妲給我好多靈感，於是想著可以跟九年級一起做同樣的專題。」她解釋。

她這時機實在抓得太好了，因為藝術委員會官員就是負責補助的，而我也成功說服他這並非事先安排。但我更高興的是看到老師因此調整自己的課程，教學相長在她身上體現。我對我們慈善組織的願景其實很全面：教師可以將這些點子融入自己的課程，而這都很自然發生了。

我剛到阿伯頓社區中學教書時，一共有四位美術老師與兩班GCSE美術科學生。如今教師員額增加到七人，GCSE美術科學生有三班，GCSE織品服裝科學生有兩班，此外還有A-level班。雖然這只是片面證據，但單看我們學校就能證明，如果你給學生一個科目，如果你給他們工具去學，而且用純粹且迷人的方式去教，就能夠啟發學生。他們不僅願意學習，也能有卓越的表現。

開辦慈善組織後大約一年，我感到心滿意足，學生和藝術家都反應良好，整體發展極佳，但還有個驚喜在等著我。二〇一九年四月，約翰、兩個女兒和我爸媽陪我出席一個非常特別的典禮，地點是在白金漢宮。我名列新年授勳名單，獲頒員佐勳章（MBE），由威廉王子主持授銜儀式。出門前，我們全家盛裝打扮，在玄關鏡前打理儀容。很難相信我們要離開布倫特，前往白金漢宮。

威廉王子將徽章別在我的領子上，彼此閒聊著我在阿伯頓的工作、學生、藝術、工作上的得意和不如意。他說太太凱特王妃很開心幾個月前到我們學校參訪。

「我們把你給她的那件刺繡作品掛在家裡牆上。」他說。

我不知道哪件事讓我最引以為傲：是我站在白金漢宮？還是我學生的作品掛在皇室成員家裡？我想到那孩子生活中種種的困境，而她唯一的喘息機會，就是在美術教室裡穿針引線的時刻。

此事在根本上提醒了我們：凡事都有可能。

後記

親愛的讀者：

謝謝你花時間讀阿伯頓社區中學以前和現在的學生故事。希望你也覺得他們的故事很感人，就像多年來我所感受的那樣。希望你能看到我們的努力與取得的勝利，以及無法撼動教育體系的失望。不只如此，我希望你看到還有多少未竟之功，我們需要你的協助才能完成。

世界各地的人都欣賞藝術與文化。對每個人來說，那是生活的一部分，融入我們所做的每件事：平面設計師設計早餐穀片盒；創意總監寫出琅琅上口的廣告詞；音樂家譜出縈繞於我們腦中的旋律。即使你不去博物館和美術館，創意藝術還是無處不在，這是人之所以為人的根本。但顯然我們的教育對藝術並沒有同等的重視。

從我得獎以來，全世界的激勵演說邀約不斷，有些是針對教育機構或教育部會，有些則是企業想提升員工創造力。就像有次在杜拜，一開始我不知道他們要我講什麼，那些人很多都已是該領域的翹楚，我這布倫特出身的美術老師還能傳授什麼知識？但這些演講代表我有機會用不同的角度去看教育，我能參加教育大會以認識教材教法的最新發展，可以去了解業界期待怎樣的學生，然後回到校園，把這些傳達給我的學生，分享給我的同事。

如同我在本書所言，我用學生的故事來打動聽眾。只有透過學生的生活與經驗，我才能講述那麼亟需被說出的故事，告訴大家藝術教育就跟我們所呼吸的空氣同等重要。因為我們要培養未來的創意人才，就必須先投資他們。

在哈佛大學，我對新手教師說亞力士與他立體派畫作的故事；告訴他們艾瓦羅的故事，以及美術的力量如何幫助他開口；告訴他們法蒂瑪的故事，她在我的教室裡用狂暴而美妙的筆觸，捕捉從敘利亞逃亡的經驗。

今天，我不管到哪裡都會說這些故事：對教師同業說，對校長說，對企業執行長說，也對世界領袖說。這些孩子的故事源於我的教室，全世界的人都深受感動。我放眼望向聽眾，當我談到自己的挫折時，他們頻頻點頭。

隨著演講的場次愈多，我愈能理解每個國家的擔心與憂慮。我感覺北歐國家在支持學校的美術課程上做得最好；西班牙（該國教師常自掏腰包提升專業）最可能請我講多元文化教室的教學方法，因為他們的移民人口激增。智利的女孩子還在爭取教育平等，想得到和男生上同樣課程的權利。不管你在世界哪個角落讀這本書，我們都還有很長的路要走。

有些國家值得我們學習，例如瑞士，他們學校週三下午不上課，要讓大家（包括教師）花時間與家人共處。我喜歡這主意，感覺瑞士政府在對老師說，「你自己的小孩和你的學生一樣重要。」但我也聽說有些老師比較辛苦，像墨西哥的老師每天還要四處調查抓毒販。那樣的故事讓我們看到高工時與低薪的狀況。

不管我到哪裡，都會強調學校這個大家庭的重要性。雖然這些人（教師、校長、企業經理等）是聽我的演講，但我講述的故事與分享的經驗，都是身為二十一世紀教師的共同故事。沒有阿伯頓社區中學教師同事的支持，我絕對不可能有這些成就。

可能有幾百萬甚至幾十億人，想與老師分享自己的滿腔感謝。幾乎每個人都遇過讓自己變得更好的老師，不論老師使用的方法為何。我的工作有幸把我推到這個位置，並且能因此聽到大家的感謝。

全球教師獎只有一個，但是有成千上萬兢兢業業的教師，為學生的人生帶來改變，他們也值得掌聲。我很想聽到他們的故事，就像你們聽到我的故事一樣。雖然政府好像不在乎培育下一代的日常工作，但不表示普羅大眾不在乎。我們必須為教育挺身而出，說出教育對我們有多重要，並且如何改變我們的人生；說出教育能為我們的孩子、孫子及朋友做些什麼。

身為教師，我們必須知道自己肩負的責任，留心和學生談話所用的言語，因為我們都是過來人，知道老師的一番話可能影響學生一輩子。我的小學老師影響了我的人生方向，她們的慈愛與無私奉獻至今仍激勵著我，但願我的教學也能反映那些特質。大多數時候，我們對老師的記憶是愉快的課堂，以及他們慈愛、鼓勵的言語；也有少數情況是老師惡言相向、懷疑學生能力，那會燃起我們內心熊熊大火，想證明老師是錯的。但無庸置疑的是，教師每天做的事情，絕非教師職務描述可以道盡。

我的每一場演講，不論參加什麼活動，一定都會感謝到場聆聽的教師。教師的付出常被視為理所當然，所以我何其有幸，透過全球教師獎將大家集結起來跟我說謝謝。我得獎後收到幾百封現在和以前學生的簡訊，他們向我道賀，並訴說我對他們人生的影響，可能是我說的某件小事，抑或是我做的重大介入，但他們都未曾遺忘。有意也好，無意也罷，我在學生心裡播下種子為他們指路，而那顆種子就此發芽生長。我期望有更多教師能收到這樣的信，希望這本書能感動你，進而去聯絡改變你一生的那位老師。

我熱愛我的工作，也熱愛我的學生。不管探索新世界有多麼令人興奮，我永遠思念我的教室和我的學生。

我以身為老師為傲。

我以身為阿伯頓社區中學的一員為傲。

不管我去哪裡或做什麼，在教室裡的時光永遠是我最大的成就。

安卓亞

挺身而教：為孩子尋找優勢，讓更多機會成為可能／安卓亞．札非拉庫（Andria Zafirakou）著；謝儀霏譯
-- 第一版 -- 臺北市：親子天下，2021.11
288 面；14.8×21 公分 --（學習與教育：227）
譯 自：Those Who Can, Teach: What It Takes To Make the Next Generation
ISBN 978-626-305-125-6（平裝）

1. 教育　2. 藝術教育　3. 中等教育　4. 英國

524.372　　110019537

學習與教育 227

挺身而教

為孩子尋找優勢，讓更多機會成為可能

Those Who Can, Teach: What It Takes To Make the Next Generation

---

作者／安卓亞・札非拉庫（Andria Zafirakou）
譯者／謝儀霏

責任編輯／楊逸竹、陳子揚（特約）
文字校對／魏秋綢
封面設計／ Ancy Pi
內頁設計／連紫吟、曹任華
行銷企劃／蔡晨欣

天下雜誌群創辦人／殷允芃
董事長兼執行長／何琦瑜
媒體產品事業群
總經理／游玉雪
總監／李佩芬
版權專員／何晨瑋、黃微真

出版者／親子天下股份有限公司
地址／台北市 104 建國北路一段 96 號 4 樓
電話／（02）2509-2800　傳真／（02）2509-2462
網址／ www.parenting.com.tw
讀者服務專線／（02）2662-0332　週一～週五 09:00~17:30
讀者服務傳真／（02）2662-6048
客服信箱／ bill@cw.com.tw
法律顧問／台英國際商務法律事務所・羅明通律師
製版印刷／中原造像股份有限公司
總經銷／大和圖書有限公司　電話／（02）8990-2588

出版日期／ 2021 年 11 月第一版第一次印行
定　價／ 420 元
書　號／ BKEE0227P
ISBN ／ 978-626-305-125-6（平裝）
